SHINE

our calling | our lifestyle

AUTOREN:

Andreas Boppart
Vielredner und Chef
Campus Schweiz

Tamara Fontijn
Lautlacherin und
Engelsstimme

Samuel Müller
Gemeindegründer
und Alleskönner

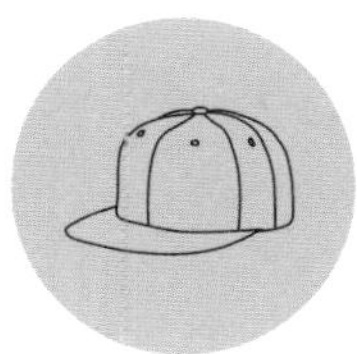

Michael Zurbrügg
Pionier und kreativer
Wirbelwind

SCM
R.Brockhaus

SCM

Stiftung Christliche Medien

Der SCM Verlag ist eine Gesellschaft der Stiftung Christliche Medien, einer gemeinnützigen Stiftung, die sich für die Förderung und Verbreitung christlicher Bücher, Zeitschriften, Filme und Musik einsetzt.

SHINE ist ein Projekt von Campus für Christus Schweiz und Campus für Christus Deutschland.

Internet: www.scm-brockhaus.de; E-Mail: info@scm-verlag.de

Gesamtgestaltung: Debora Balmer (Campus für Christus)
Druck und Bindung: Finidr s.r.o.
Gedruckt in Tschechien
ISBN 978-3-417-26787-7
Bestell-Nr. 226.787

INHALTSVERZEICHNIS:

DIESES BUCH GEHÖRT:

EINFÜHRUNG

Das SHINE Experience-Buch

Du kannst dir nicht vorstellen, wie lange wir darauf hingefiebert haben, bis du diese Seiten endlich in deinen Händen hältst! Und nun liegt es vor dir: dein Buch, das dich in acht Einheiten in SHINE Experience eintauchen lässt. Dieses Buch hat das Potenzial, dein Leben zu verändern. Du wärst nicht die erste Person auf diesem Planeten, bei der SHINE Experience einen positiven Einfluss auf das Leben hat. Darum: Schau dir das SHINE Experience-Buch am besten noch einmal von außen an und heiße es mit einer heftigen Umarmung herzlich willkommen!

In den nächsten (mindestens) acht Wochen wirst du den SHINE Lifestyle trainieren. Die Zutaten für diesen Lebensstil heißen:
Share Faith > Teile deinen Glauben mit anderen.
Hug People > Umarme Menschen, indem du ihnen Gutes tust.
Inspire Yourself > Inspiriere dich durch Zeiten mit Gott.
Njoy Fellowship > Genieße Gemeinschaft mit deinen Mitmenschen.
Equip Others > Fördere andere in ihrem SHINE Lifestyle

Stell dir vor, wie dein Umfeld aussehen könnte, wenn deine Freunde mit dir diesen Lifestyle ausprobieren und verinnerlichen – wow, das würde einen unglaublichen Unterschied machen! Damit du – ganz für dich alleine, zu zweit oder mit deiner ganzen Jugendgruppe – den SHINE Lifestyle entdecken und entwickeln kannst, startest du in jedes Kapitel mit einem Videoclip online auf unserer SHINE-Website oder via App («SHINE Experience» für iPhone oder Android). Wenn du dich registriert hast, werden dich in der Folgewoche Kurznachrichten regelmäßig ermutigen, aufheitern und herausfordern.

Die Verwendung von SHINE Experience

Dieses Buch ist dafür gemacht, dass du über eine längere Zeit einen intensiven Prozess durchlebst, um den SHINE Lifestyle zu trainieren. Immer wieder triffst du deshalb auf Action Steps, die dich fordern und wichtige Bestandteile dieses Prozesses sind. Die Action Steps sind Gelegenheiten, in denen du deinen Glauben praktisch werden lassen kannst. Wenn du den Mut zu diesem Action Step nicht aufbringst, bist du keineswegs schlecht oder hast versagt. Probiere einfach beim nächsten Mal wieder einen mutigen und vielleicht neuen Schritt und lass dich herausfordern. Wenn dich die Aufgaben dagegen zu wenig fordern, dann setze dir selber zusätzliche Action Steps. SHINE Experience will nicht primär dein Wissen vergrößern, auch wenn wir glauben, dass du eine Menge dazulernen wirst. Vielmehr geht es darum, dass du deine Glaubens-Pferdestärken startklar machst und einen Lebensstil entwickelst, mit dem du durchstartest und dein Lebensrennen gewinnst.

Der Zeitaufwand

Investiere ca. 15 Minuten pro Tag für dieses Abenteuer. Unser Tipp ist es, diese 15 Minuten am Morgen einzuplanen, damit du danach den ganzen Tag für das jeweilige Thema sensibilisiert bist und konkrete Erfahrungen sammeln kannst. Vielleicht hilft es dir, diese Zeit auf deinem Lieblingssessel oder sonst an einem ruhigen und gemütlichen Ort zu verbringen. Vielleicht hast du ein Ritual, das dir hilft, täglich ins SHINE Experience-Buch einzutauchen – z.B. zweimal die Treppe rauf- und runterrennen, ein Gebet sprechen, eine Kerze anzünden, dich strecken und gähnen oder ein Musikstück hören.

SHINE Experience – für dich alleine

Die SHINE Experience kannst du für dich alleine mit diesem Buch und der SHINE Experience-App, die dir ermutigende, aufheiternde und herausfordernde Kurznachrichten sendet, in Angriff nehmen. Wir finden das echt mutig und du kannst dich locker mit James Bond oder Bear Grylls vergleichen! :-)
Unter www.shine-deutschland.de/experience (für Deutschland), www.shine.ch/experience (für die Schweiz) oder über die App registrierst du dich für SHINE Experience. Nach deiner Registrierung gibst du an, dass du SHINE Experience alleine in Angriff nimmst. Jede Einheit beginnt mit der «Personal-Time» – einer Zeit, in der du dir vertieft Zeit nimmst, um in das neue Thema einzutauchen. Idealerweise wählst du für die Personal-Time einen Wochentag und eine Tageszeit, bei der du mind. 20 Minuten ungestört bist. Sobald du den Clip zur ersten Einheit «Booster» geschaut hast (über die App oder Webseite möglich), werden dir in den sechs darauffolgenden Tagen automatisch Nachrichten gesendet. Dafür ist wichtig, dass du die «SHINE Experience»-App (erhältlich für iPhone oder Android) auf dein Smartphone lädst und in deinen Einstellungen Push-Nachrichten erlaubst. Hast du kein Smartphone, werden dir die Nachrichten per SMS oder E-Mail zugesandt. Direkt nach dem Schauen des Clips gehst du im SHINE Experience-Buch noch den Tag 1 der ersten Einheit «Booster» durch. Danach liest du jeden kommenden Wochentag einen weiteren Tag im Buch. Zwischen den acht Einheiten kannst du auch mal eine Pause einlegen. Sobald du jedoch einen Clip anschaust, startest du automatisch mit der neuen Einheit – das heißt, du erhältst dann die Kurznachrichten.

SHINE Experience – mit anderen als Gruppe

SHINE Experience wurde an sich für Gruppen entwickelt. Bereits ab zwei Personen kannst du eine Gruppe bilden und nach oben gibt es keine Grenzen. Du triffst dich jeweils für den Start einer neuen Einheit in deiner Gruppe = Community-Time. Eine Person der Gruppe leitet diese Zeit und bereitet sich mit dem kostenlosen Leiterhandbuch vor, das unter www.shine-deutschland.de/community-time und www.shine.ch/community-time zu finden ist. Das Leiterhandbuch enthält Ideen für Games, Bibellesen und Austausch. Ebenfalls kannst du dort alle Community-Clips ansehen und herunterladen, die feste Bestandteile der Community-Time bilden.
Jemand von eurer Gruppe (zum Beispiel die Jugendleiterin, der Kleingruppenleiter oder sonst jemand) registriert eure Gruppe vor dem ersten Treffen auf www.shine-deutschland.de/experience (für Deutschland) oder www.shine.ch/experience (für die Schweiz) und trägt die Daten eurer Treffen ein. Anhand der Daten werden automatisch Nachrichten an die Teilnehmenden gesendet – ein wichtiges Erinnerungs-, Ermutigungs- und Herausforderungswerkzeug der SHINE Experience. Die leitende Person bestellt ebenfalls ein SHINE Experience-Buch für jeden Teilnehmenden.
Stelle sicher, dass du so oft wie möglich Teil der Community-Time bist. Während dieser Zeit hast du nicht nur einen wertvollen Austausch mit deiner Gruppe und hörst, was die anderen erleben, sondern du wirst auch motiviert in das neue Thema hineinkatapultiert.

Die Icons

Für jede Themeneinheit haben wir sechs Tagesrationen vorbereitet, die du im Laufe einer Woche bearbeiten kannst. Jeder Tag hat einen anderen Fokus:

Personal-Time/Community-Time | Tag 1: Am ersten Tag tauchst du alleine (Personal-Time) oder mit deiner Gruppe (Community-Time) in die neue Einheit ein.

Heart | Tag 2: Am zweiten Tag setzt du dich mit dem neuen Thema und mit dir auseinander. Wo steht dein Herz in Bezug auf dieses Thema?

Get ready | Tag 3: Um so richtig mit der aktuellen Einheit durchzustarten, machst du dich an diesem Tag bereit für den Tag, das Thema und die Woche.

Bible | Tag 4: Hier vertiefst du das Thema in der Bibel. Entdecke, was die Bibel zu dieser Einheit zu sagen hat.

Action | Tag 5: Um deine Fähigkeiten zu trainieren und dein SHINE Experience-Abenteuer bestmöglich auszukosten, wartet heute eine Aktion auf dich.

Learn | Tag 6: An diesem Tag schaust du auf das bereits Gelernte zurück, lernst Neues dazu und vergrößerst deine Erfahrungen, Denkweisen und dein Wissen.

Surprise | Tag 7: Lass dich überraschen, was dieser Tag an Kreativität und Ideen für dich bereithält

Deine haarige Entscheidung

SHINE Experience wird für dich zu deinem größten Gewinn, wenn du dich mit Haut und Haar reinhängst. Manchmal erfordert es von dir Dranbleiben, Mut und Überwindung. Vielleicht willst du SHINE Experience manchmal sogar an den Nagel hängen. Aber stell dir vor, was passieren könnte, wenn du dich für die nächsten Wochen ganz darauf einlässt und Gott die Erlaubnis gibst, deinen Lebensstil zu prägen. Wir sind überzeugt, dass du dadurch bis unter die Haarwurzel positiv verändert wirst. In der Bibel steht, dass Gott dich so gut kennt und dich so gut umsorgt, dass er sogar den totalen Überblick über die aktuelle Zahl deiner Haare hat (vgl. Matthäus 10,30). Wie viel mehr wird es ihn wohl interessieren, wie du dein Leben gestaltest? Er interessiert sich für jeden Quadratzentimeter von dir. Lass dich also herausfordern und ermutigen, SHINE Experience bis zum Schluss durchzuziehen und Jesus die Erlaubnis zu geben, dein Leben zu prägen. Als Zeichen dafür kannst du hier ein Haar von dir aufkleben.

Dein Haar bedeutet:

- Ich gebe Gott die Erlaubnis, meinen Lebensstil zu prägen.
- Ich verpflichte mich dazu, während des ganzen SHINE Experience-Trainings neue Dinge auszuprobieren, auch wenn es mich Überwindung kostet.
- Wenn ich etwas nicht schaffe oder verstehe, blicke ich nach vorne und klinke mich bei der nächsten Möglichkeit wieder ein.
- Ich nehme mir für die Personal-Times/ Community-Times bewusst Zeit.
- Ich hänge mich mit Haut und Haar rein.

Wir glauben und beten, dass die kommenden Wochen für dich zu einer herausragenden Erfahrung werden! Bist du bereit? Na dann, ab und hopp! :-)

EINHEIT

Booster

Personal-Time/Community-Time | Tag 1

Da ist ein übernatürlicher Gott, der durch seinen Heiligen Geist in dir und durch dich wirkt. Wie tut er das? Er spricht zu dir. Deshalb ist es wichtig, wach und achtsam zu sein. Gott spricht durch seinen Geist in dein Herz – wie eine innere Stimme, die dir wichtige Impulse gibt. Manchmal hören oder sehen wir, dass Gott spektakuläre Dinge tut. Oft wirkt er aber auch im Stillen. Der Prediger Oswald Chambers sagte sinngemäß: «Normalerweise hat Gott uns nicht für das Außergewöhnliche geschaffen, sondern dass wir im Normalen außergewöhnlich sind.» Das normale Leben wird zum außergewöhnlichen Abenteuer, wenn du immer und überall mit Gottes Gegenwart und dem Wirken seines Geistes rechnest!

Die Bibel

Lies die unten stehenden Bibelstellen, in denen Jesus seinen Jüngern erklärt, was es mit dem Heiligen Geist auf sich hat:

- Johannes 16,12–14
- Johannes 14,26

Und du?

- Hast du den Heiligen Geist kürzlich (oder in den vergangenen Monaten) erlebt?
- Wo hast du schon einmal gebetet und bist danach einem inneren Impuls gefolgt – und es ging so gut aus, dass du darin klar Gottes Wirken erkannt hast?
- Was sind positive und negative Erfahrungen, die du mit dem Heiligen Geist und mit dem Hören auf seine Stimme gemacht hast?
- Was würde dir helfen, damit du dich noch mehr auf den Heiligen Geist und auf sein Wirken einlassen könntest?

WENN JESUS DEN SCHLEIER VOR UNSEREN AUGEN WEGNÄHME: WIR WÜRDEN ENGEL SEHEN, WIE SIE UNS VERSORGEN, UND DASS DER HEILIGE GEIST IN UNS UND DER VATER UM UNS IST!

OSWALD CHAMBERS

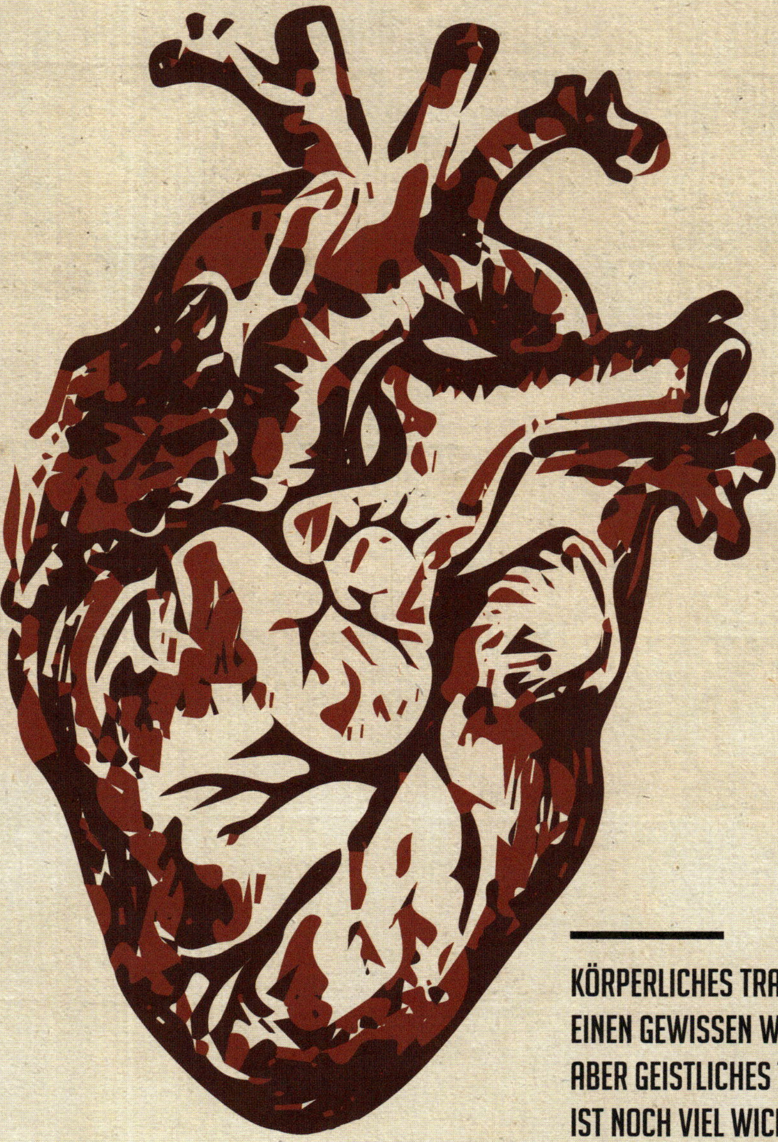

KÖRPERLICHES TRAINING HAT
EINEN GEWISSEN WERT,
ABER GEISTLICHES TRAINING
IST NOCH VIEL WICHTIGER,
DENN ES VERSPRICHT GEWINN
IN DIESEM WIE AUCH
IM ZUKÜNFTIGEN LEBEN.

1. TIMOTHEUS 4,8 *

* Wir verwenden hier, wenn nicht anders angegeben, die «Neues Leben»-Bibelübersetzung.

Heart | Tag 2

Muskeln wachsen nur, wenn sie trainiert werden. Wenn dein Vorbild Arnold Schwarzenegger oder ein anderer Bodybuilder ist und du diesem nacheiferst, dann weißt du, wo du die nächsten Jahre verbringen wirst: leidend in einem Fitnessraum. Keiner rennt einfach mal so die 100 Meter unter 10 Sekunden, indem er sich zur Vorbereitung wochenlang mit einem Softdrink am Strand sonnt.

Genauso ist das mit deinem Glauben. Geistliches Training, wie Paulus es im Vers auf der linken Seite nennt, bringt Gewinn. Timotheus wird ermutigt, seine Zeit und Kraft zu nutzen, um im Glauben zu wachsen und immer stärker zu werden (Vers 7).

Wie ist das bei dir? SHINE Experience ist ein Trainingstool, das dir dabei hilft, deine geistlichen Muskeln zu stärken – und das garantiert muskelkaterfrei.

ACTION STEP:

Mach zehn Liegestütze um deine Muskeln zu trainieren. Wenn du das nicht hinkriegst, darfst du zehnmal die beiden Pobacken fest zusammenkneifen. Lies danach 10 Minuten in der Bibel, um deine geistliche Muskulatur zu trainieren. Psalm 91 eignet sich super, um mit dem Training so richtig durchzustarten.

ABER WENN DER HEILIGE GEIST ÜBER EUCH GEKOMMEN IST, WERDET IHR SEINE KRAFT EMPFANGEN.
APOSTELGESCHICHTE 1,8

Get ready | Tag 3

Gehörst du zu denen, die am Morgen nur mit einem Energy-Drink aus dem Bett kommen? Das griechische Wort für «Kraft» ist Dynamis. Gott will dir seine Dynamis geben – den Heiligen Geist! Diese himmlische Power verleiht im Gegensatz zu Red Bull tatsächlich geistliche Flügel! An Pfingsten kam der Heilige Geist vom Himmel auf die Nachfolger von Jesus und ihr Leben wurde grundlegend verändert. Jesus selbst hat erst mit Wundern und Heilungen begonnen, nachdem bei seiner Taufe Gottes Geist auf ihn kam. Auch dich will Gott heute mit seinem Heiligen Geist erfüllen. Er bringt «Dynamis» in dein Leben. Nicht zu verwechseln mit Dynamit. :-) Lass dir das nicht entgehen!

Folgendes verspricht uns Jesus in Lukas 11,9–13:
Deshalb sage ich euch: Bittet, und ihr werdet erhalten. Sucht, und ihr werdet finden. Klopft an, und die Tür wird euch geöffnet werden. Denn wer bittet, wird erhalten. Wer sucht, wird finden. Und die Tür wird jedem geöffnet, der anklopft. Gibt es einen Vater, der seinem Kind eine Schlange hinhält, wenn es um einen Fisch bittet? Oder wenn es um ein Ei bittet, reicht er ihm dann einen Skorpion? Natürlich nicht! Wenn aber selbst ihr sündigen Menschen wisst, wie ihr euren Kindern Gutes tun könnt, ***wie viel eher wird euer Vater im Himmel denen, die ihn bitten, den Heiligen Geist schenken.***

ACTION STEP:

Mach gleich jetzt, egal wo du bist, deine Zimmertür oder dein Fenster auf. Falls du irgendwo draußen sitzt und weder Tür noch Fenster in der Nähe sind, dann öffne etwas anderes ... Schnürsenkel, Jacke, deinen Mund. Irgendwas wird sich schon finden lassen! Dies steht sinnbildlich für eine Einladung an den Heiligen Geist, der mit neuer Kraft in dein Leben kommen soll. Bitte Gott darum, dass der Heilige Geist nicht nur als Gast zu Besuch kommt, sondern dass er dein Herz und den Ort, an dem du bist, erfüllt. Warte danach mindestens fünf Minuten. Vielleicht kommt dir eine Idee oder du spürst Gottes Gegenwart. Wenn nicht, kein Problem; der Heilige Geist ist immer bei dir.

IHR SOLLT EUER ALTES LEBEN WIE ALTE KLEIDER ABLEGEN. FOLGT NICHT MEHR EUREN LEIDENSCHAFTEN, DIE EUCH IN DIE IRRE FÜHREN UND EUCH ZERSTÖREN. GOTTES GEIST WILL EUCH DURCH UND DURCH ERNEUERN. ZIEHT DAS NEUE LEBEN AN, WIE IHR NEUE KLEIDER ANZIEHT. IHR SEID NEUE MENSCHEN GEWORDEN, DIE GOTT SELBST NACH SEINEM BILD GESCHAFFEN HAT. IHR GEHÖRT ZU GOTT UND LEBT SO, WIE ES IHM GEFÄLLT.

EPHESER 4,22–24 (HFA)

Bible | Tag 4

So wie du jeden Morgen Kleider anziehst, so zieh auch jeden Morgen das «neue Leben» an, das Jesus uns vorgelebt hat und für das der Heilige Geist uns bevollmächtigt. Denn nach zwei, drei Tagen ist es für dich und dein Umfeld auch nicht mehr ganz so angenehm, wenn du dasselbe T-Shirt trägst. Gott bietet dir jeden Tag frische Kleidung an. Wenn du also deine Socken oder deine Unterhose anziehst, kannst du Gott bitten, dass er dir mehr Liebe für den nervenden Sitznachbarn in der Schule gibt. Oder dass er dich mit mehr Geduld für deine Eltern bekleidet. Ziehst du dir ein Shirt über die Ohren, dann sprich dir doch selber zu, dass Gottes Geist dich heute begleitet und dich erneuert.

Werdet stark durch den Herrn und durch die mächtige Kraft seiner Stärke! Legt die komplette Waffenrüstung Gottes an, damit ihr allen hinterhältigen Angriffen des Teufels widerstehen könnt.
Epheser 6,10–11

ACTION STEP:

Wenn du den Bibeltext im Epheserbrief weiterliest, findest du sechs Gegenstände, die diese Waffenrüstung ausmachen. Lies Epheser 6,14–17 in deiner Bibel und markiere die sechs Begriffe.

Überlege dir jetzt, was wohl damit gemeint ist, und versuche, es auf dein Leben zu beziehen.

IHR SEID DAS LICHT DER WELT. LASST EUER LICHT LEUCHTEN VOR DEN LEUTEN, DAMIT SIE EURE GUTEN WERKE SEHEN UND EUREN VATER IM HIMMEL PREISEN.

MATTHÄUS 5,14-16 (LUT)

Action | Tag 5

Die Idee eines U-Boots ist, dass es sich unter Wasser fortbewegen kann, ohne entdeckt zu werden. Manchmal leben wir auch unseren Glauben an Jesus wie ein U-Boot – wir bleiben unentdeckt und schwimmen immer tief genug unter der Wasseroberfläche. Das entspricht aber nicht der Idee von Jesus. Im Gegenteil: Wir sollen klar sichtbar vor den Menschen unser Licht und unseren ansteckenden Lifestyle leuchten lassen, damit andere Gott erkennen und ihn auch kennenlernen können. Auftauchen ist angesagt.

Gegenüber welcher Person willst du keinen
U-Boot-Glauben mehr leben?

Name: ________________

Für welche Person kannst du heute dein Licht scheinen lassen?

Name: ________________

Womit oder wodurch lässt du dein Licht bei dieser Person scheinen?

____

____

____

____

____

____

____

Learn | Tag 6

Wenn man einen Frosch in einen Kochtopf mit kaltem Wasser legt und dieses Wasser dann langsam erhitzt, springt der Frosch nicht heraus. Er gewöhnt sich an die steigende Temperatur, bis es zu spät ist und die Hitze ihn hopsgehen lässt.

Ganz ähnlich ist es mit dem Glauben. Wenn du passiv dasitzt und dich glaubensmäßig nicht bewegst, wird dieser die Temperatur deines Umfelds annehmen und irgendwann «hopsgehen». Aber du kannst dich auch entscheiden, nicht einfach sitzen zu bleiben, sondern aktiv zu werden und einen Sprung aus dem gemütlichen Topf zu wagen.

Deshalb orientiert euch nicht am Verhalten und an den Gewohnheiten dieser Welt, sondern lasst euch von Gott durch Veränderung eurer Denkweise in neue Menschen verwandeln. Dann werdet ihr wissen, was Gott von euch will: Es ist das, was gut ist und ihn freut und seinem Willen vollkommen entspricht.
Römer 12,2

Das hier verwendete griechische Wort für «Veränderung» heißt anakaínosis. Es bedeutet «Erneuerung». Um den SHINE Lifestyle zu leben, müssen wir unsere Denkweise regelmäßig von Gott «anakaínoisieren» lassen. So sehen wir Dinge, wie Gott sie sieht, und sind fähig zu handeln, wie Jesus es tat.

ACTION STEP:

Nimm einen Kugelschreiber oder Stift zur Hand und zeichne ein Fragezeichen sichtbar auf einen deiner Handrücken. Das Fragezeichen hilft dir bei folgender Aufgabe: Überlege dir heute immer wieder, was Jesus an deiner Stelle tun würde. Allerdings ist es völlig okay, wenn du bei der Frage, welche Socken du anziehen sollst, dein Hirn einschaltest und selber überlegst. Aus irgendeinem Grund hat Gott es dir ja gegeben.

Surprise | Tag 7

Schnall dich an und starte mit Gott so richtig durch. Nimm ein Blatt Papier und falte den Flieger gemäß Anleitung zusammen. Und dann versuch, ihn möglichst schön auf ein Ziel zugleiten zu lassen. Vermutlich wird der Flieger das Ziel nicht haargenau treffen. So läuft es auch im Leben mit Gott. Wir peilen zwar eine Richtung an, aber Gott führt uns genau dorthin, wo wir hingehören. Entscheidend ist, DASS du startest und fliegst. Bist du «ready for take-off»?

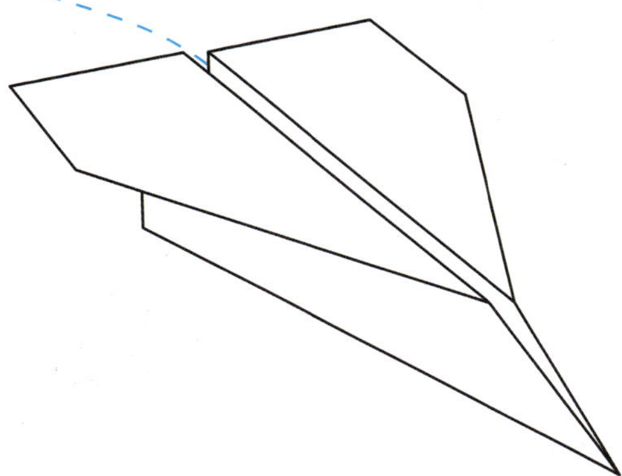

Anleitung:

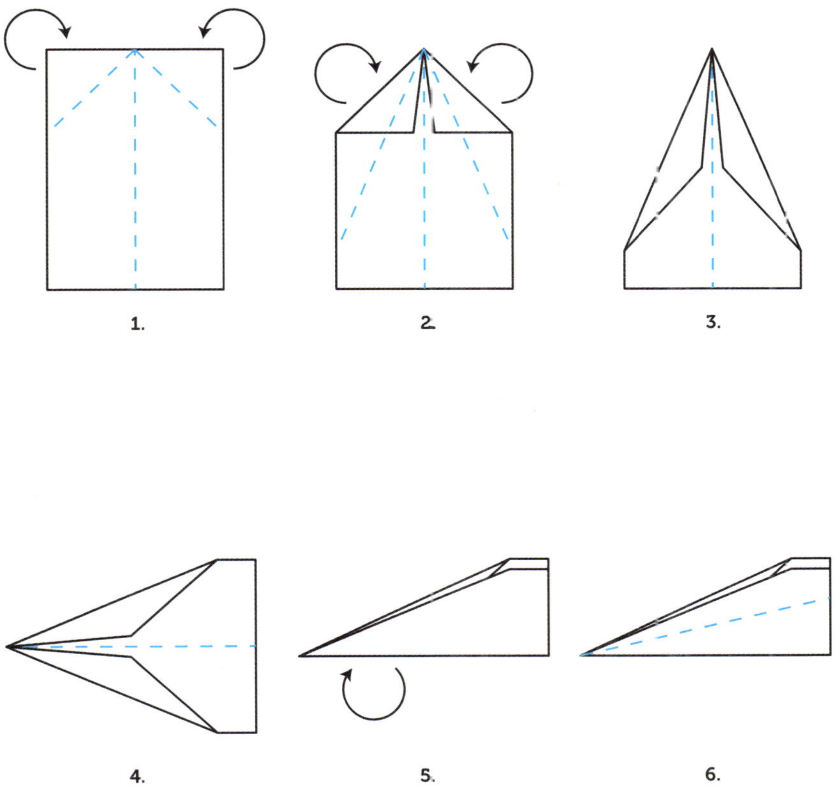

2

EINHEIT

Share Faith

– THE FOUR –

Personal-Time/Community-Time | Tag 1

Nach der ersten Einheit fühlst du dich hoffentlich total gut vorbereitet, um in die Einheit «Share Faith» zu starten. Es gibt viele Wege, wie du über Jesus und den Glauben an ihn reden kannst. In dieser Woche lernst du, wie du auf eine klare, leicht verständliche Weise den Kern der biblischen Botschaft erklären kannst.

Die Bibel

Denn Gott hat die Welt so sehr geliebt, dass er seinen einzigen Sohn hingab, damit jeder, der an ihn glaubt, nicht verloren geht, sondern das ewige Leben hat.

Johannes 3,16

Dieser Bibelvers zeigt in kürzester Form auf, was das Thema der ganzen Bibel ist: Aus Liebe hat Gott für uns Menschen durch Jesus Christus einen Weg geschaffen, damit wir wieder mit ihm in Beziehung treten können (= ewiges Leben haben).
Ein gutes Hilfsmittel, um das bildhaft darzustellen, ist THE FOUR.

Und du?

- Hast du schon einmal ein super Erlebnis gehabt, weil du mit jemandem über Jesus/deinen Glauben gesprochen hast?
- Wurdest du bereits einmal abgewiesen, weil du über Jesus/deinen Glauben geredet hast?
- Wann fällt es dir leicht/schwer, mit jemandem über Jesus/deinen Glauben zu sprechen?
- Über welche Themen fällt es dir leicht zu reden (Sport, TV, Ausgang etc.)? Was ist anders/gleich, wenn du über Jesus/den Glauben sprichst?

GOTT
LIEBT MICH

ICH HABE
GESÜNDIGT

JESUS STARB
FÜR MICH

WILL ICH MIT
JESUS LEBEN?

WWW.THEFOUR.COM

Heart | Tag 2

Mit jemandem über Gott zu sprechen, kann ganz schön schwierig sein. Welche Aussagen treffen auf dich zu?

[ ] Ich habe Angst vor der Reaktion der Menschen.

[ ] Ich kann nicht gut reden.

[ ] Ich glaube, ich bin zu wenig heilig, dass Gott mich brauchen könnte.

[ ] Ich fürchte, es könnte peinlich werden.

[ ] Ich will den Glauben für mich behalten.

[ ] Ich kann nicht über den Glauben reden.

[ ] Es ist mir nicht wichtig.

[ ] Ich finde, ich sehe nicht gut genug aus.

[ ] Ich bin zu beschäftigt.

[ ] Meine Kollegen könnten mich fertigmachen.

[ ] Ich denke, es interessiert niemanden, was ich glaube.

[ ] ________________________

[ ] ________________________

Fortsetzung »

Fakt ist, was Jesus in Johannes 16,33 (NGÜ) sagt:

«In der Welt werdet ihr hart bedrängt.»

Das ist normal. Aber der Bibelvers geht noch weiter:

«Doch ihr braucht euch nicht zu fürchten: Ich habe die Welt besiegt.»

Evangelium bedeutet «gute Nachricht». Fällt es dir manchmal schwer, diese Nachricht weiterzugeben? Warum ist das so?

ACTION STEP:

Fasse neuen Mut, indem du den unten stehenden Bibelvers sieben Mal laut aufsagst. Lass ihn ganz tief in deine Seele, dein Herz und deinen Verstand sinken. Flüstere dazwischen immer ganz leise: «Heiliger Geist, erfülle mich neu!»

«Denn Gott hat uns nicht einen Geist der Furcht gegeben, sondern einen Geist der Kraft, der Liebe und der Besonnenheit.»*

2. Timotheus 1,7

* *Das Wort «Besonnenheit» bedeutet auch «Selbstbeherrschung» oder «Mäßigung».*

Get ready | Tag 3

Um für THE FOUR ready zu sein, hast du hier eine kleine Checkliste. Nicht nachdenken (ausnahmsweise), sondern einfach umsetzen:

- o **zehn Liegestützen machen**
- o **spätestens jetzt dein THE FOUR-Armband anziehen**
- o **die vier Videos auf www.thefour.com anschauen**
- o **drei Mal laut «Ich bin ready» rufen**
- o **den THE FOUR-Bastelbogen ausschneiden und ihn über dein Bett, vor die WC-Schüssel oder an den Badezimmerspiegel kleben**

Der THE FOUR-Bastelbogen:

Hardcore-Optionen für Freaks:

- die Facebookpage THE FOUR und die besten drei Beiträge liken
- THE FOUR in den Schnee oder in das Blumenbeet pinkeln
- THE FOUR auf die Fingernägel lackieren
- dein eigenes «THE FOUR»-Accessoire (Tasche, Handyhülle, Skateboard etc.) designen

Check, der Tag kann losgehen!

IHR SEID DAS LICHT DER WELT. EINE STADT, DIE AUF EINEM BERG LIEGT, KANN NICHT VERBORGEN BLEIBEN. AUCH ZÜNDET NIEMAND EINE LAMPE AN UND STELLT SIE DANN UNTER EIN GEFÄẞ. IM GEGENTEIL: MAN STELLT SIE AUF DEN LAMPENSTÄNDER, DAMIT SIE ALLEN IM HAUS LICHT GIBT. SO SOLL AUCH EUER LICHT VOR DEN MENSCHEN LEUCHTEN: SIE SOLLEN EURE GUTEN WERKE SEHEN UND EUREN VATER IM HIMMEL PREISEN.

MATTHÄUS 5,14–16 (NGÜ)

Bible | Tag 4

Dein Licht SHINEen lassen heißt, die Gute Nachricht weiterzusagen!

Das alles ist Gottes Werk. Er hat uns durch Christus mit sich selbst versöhnt und hat uns den Dienst der Versöhnung übertragen. Ja, in (der Person von) Christus hat Gott die Welt mit sich versöhnt, sodass er den Menschen ihre Verfehlungen nicht anrechnet; und uns hat er die Aufgabe anvertraut, diese Versöhnungsbotschaft zu verkünden. Deshalb treten wir im Auftrag von Christus als seine Gesandten auf; Gott selbst ist es, der die Menschen durch uns (zur Umkehr) ruft. Wir bitten im Namen von Christus: Nehmt die Versöhnung an, die Gott euch anbietet! Den, der ohne jede Sünde war, hat Gott für uns zur Sünde gemacht, damit wir durch die Verbindung mit ihm die Gerechtigkeit bekommen, mit der wir vor Gott bestehen können.
2. Korinther 5,18–21 (NGÜ)

Denk daran: Du warst schon Teil von Gottes Plan, lange bevor du diese Welt mit deiner Gegenwart bereichert hast. Und Gott hat bereits geplant, dass du so richtig mit Jesus durchstarten kannst. Er will dich in seine Mission miteinbeziehen, anderen Menschen weiterzusagen, wie auch sie durch den Glauben an Jesus Christus eine persönliche Beziehung zu Gott finden können.

Denn «jeder, der den Namen des Herrn anruft, wird gerettet werden». Doch wie können sie ihn anrufen, wenn sie nicht an ihn glauben? Und wie können sie an ihn glauben, wenn sie nie von ihm gehört haben? Und wie können sie von ihm hören, wenn niemand ihnen die Botschaft verkündet?
Römer 10,13–14

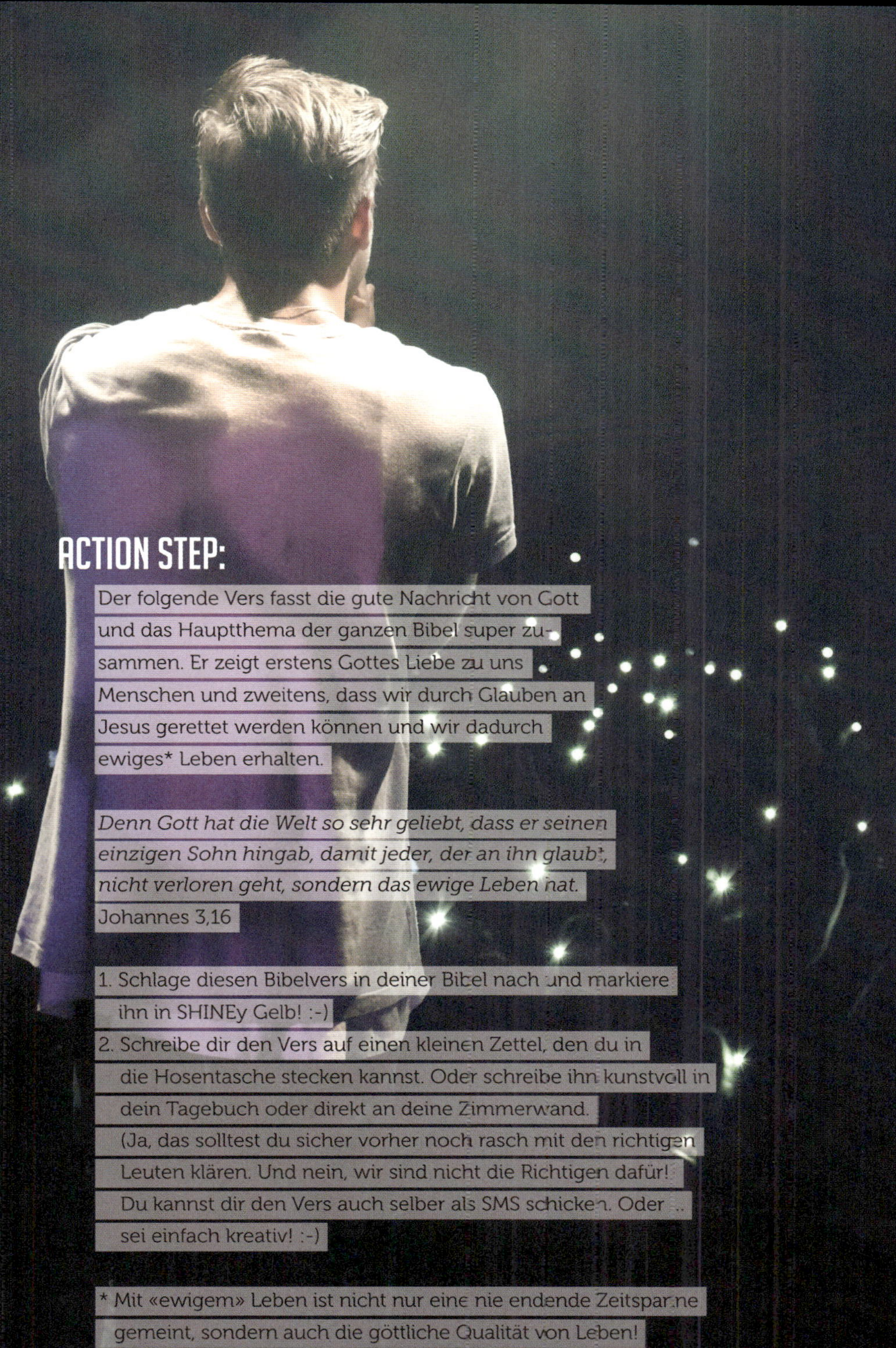

ACTION STEP:

Der folgende Vers fasst die gute Nachricht von Gott und das Hauptthema der ganzen Bibel super zusammen. Er zeigt erstens Gottes Liebe zu uns Menschen und zweitens, dass wir durch Glauben an Jesus gerettet werden können und wir dadurch ewiges* Leben erhalten.

Denn Gott hat die Welt so sehr geliebt, dass er seinen einzigen Sohn hingab, damit jeder, der an ihn glaubt, nicht verloren geht, sondern das ewige Leben hat.
Johannes 3,16

1. Schlage diesen Bibelvers in deiner Bibel nach und markiere ihn in SHINEy Gelb! :-)
2. Schreibe dir den Vers auf einen kleinen Zettel, den du in die Hosentasche stecken kannst. Oder schreibe ihn kunstvoll in dein Tagebuch oder direkt an deine Zimmerwand. (Ja, das solltest du sicher vorher noch rasch mit den richtigen Leuten klären. Und nein, wir sind nicht die Richtigen dafür! Du kannst dir den Vers auch selber als SMS schicken. Oder ... sei einfach kreativ! :-)

* Mit «ewigem» Leben ist nicht nur eine nie endende Zeitspanne gemeint, sondern auch die göttliche Qualität von Leben!

Action | Tag 5

Nach all dem Flugtraining geht es endlich raus aus dem Simulator: Deine abenteuerliche Aufgabe ist es, mindestens einer Person THE FOUR zu erklären. Sei kreativ! Sei mutig! Lass dein Licht scheinen! Ermutigend dabei ist, dass heute Menschen in ganz Europa dieselbe Herausforderung anpacken.

Also, spring noch kurz auf deine Beine, boxe ein paar Mal wild in die Luft, um deine Muskeln so richtig in Gang zu setzen, und dann «steig in den Ring». Wähle eine der folgenden Angriffsstrategien – im Bewusstsein, dass es überhaupt nicht darum geht, andere Menschen mit Worten zu erschlagen, sondern sie mit der Liebe und Wahrheit des Evangeliums zu beschenken.

Wähle aus folgenden Schwierigkeitsstufen aus:

1. **EASY:** Du kannst es ganz simpel angehen. Während der großen Pause in der Schule, in der Kaffeepause, beim Mittagessen, im Bus oder wann immer du Zeit hast – sprich eine Person an, die du bereits kennst: «Hey, wir machen so einen Kurs in unserer Kirche (oder: Ich lese gerade ein Buch ...) und ich muss jemandem THE FOUR erklären. Kannst du bitte mein Versuchskaninchen sein?»

2. **MEDIUM:** Mach eine Umfrage. Frag eine Person, ob sie eine Idee hat, was diese vier Symbole bedeuten könnten. Danach fragst du sie, ob sie die richtige Lösung wissen möchte und was sie dazu denkt – fühle dich nicht persönlich angegriffen, wenn sie es doof findet. Gut möglich, dass dich die Antwort aber positiv überrascht.

3. **EXPERT:** Frage Gott, wem du heute THE FOUR erklären sollst. Schreibe den Namen auf, der dir in den Sinn kommt. Dann gehst du auf diese Person zu und wendest entweder Version EASY oder MEDIUM an – natürlich kann das auch bei mehreren Personen angewendet werden.

4. **PANIK-LÖSUNGEN:** Facebook: Es ist schon Abend und du hast bisher noch niemandem THE FOUR erklärt? Logge dich in den Facebook-Chat ein, und frage einen Freund oder eine Freundin, ob er oder sie eine Ahnung hat, was THE FOUR bedeutet (geht natürlich auch mit einem Bild auf Instagram).

   WhatsApp: Schicke ein THE FOUR-Bild an einen Freund, und schreibe, dass du nur noch zwei Stunden Zeit hast, ein Versuchskaninchen für «eine Übung» zu finden (inklusive Hundewelpen-Blick und Minnie-Mouse-Wimpernaufschlag).

ZUHÖREN HAT EINE SELTSAME ANZIEHUNGSKRAFT, IST SELBST EINE KREATIVE KRAFT. WIR FÜHLEN UNS ANGEZOGEN VON FREUNDEN, DIE UNS ZUHÖREN, WOLLEN UNS MIT IHNEN UMGEBEN. WENN MAN UNS ZUHÖRT, WERDEN WIR ERSCHAFFEN – WIR ENTFALTEN UNS.

KARL MENNINGER

Learn | Tag 6

Hör gut hin und entdecke dabei Gottes Spuren im Leben deiner Freunde! Du hast diese Woche viel über «Weitersagen» und «Mut» gelernt. Mindestens so wichtig wie das Reden ist das Zuhören. THE FOUR kannst du einer Wand erklären, wenn es dir darum geht, das Reden zu trainieren. Wenn du aber mit einem Menschen darüber sprichst, geht es in erster Linie darum, dass du nach dem Gespräch mehr über die Person und ihr Leben weißt als vor dem Gespräch – nimm dir nicht verkrampft vor, dass sie dir zustimmen muss. Setze dir als oberstes Ziel, dass du die Person nach dem Gespräch lieber hast als vorher. Wenn du genau hinschaust, entdeckst du, dass Gott im Leben deiner Freunde bereits Geschichte schreibt. Und wenn du genau zuhörst, entdeckst du Gelegenheiten, um ihnen von Gottes Liebe zu erzählen. Achte darauf, dass du vor allem Anteil an ihrem Leben nimmst und nicht «christlich-besserwisserisch» rüberkommst. Hitzige Diskussionen führen eher zu rauchenden Köpfen als zu veränderten Herzen. Du wirst erstaunt sein, was du über das Leben und die Interessen deiner Freunde, Schul- und Arbeitskollegen erfährst, wenn du einfach nur zuhörst.

ACTION STEP:

Überlege dir, wem du heute ein offenes Ohr schenken kannst. Schreib danach deine Erlebnisse des heutigen Tages hier auf:

Surprise | Tag 7

Für dich alleine

Wenn du SHINE Experience alleine machst, überfliege trotzdem den Text für Gruppen und mach das Happy- oder Frust-Smiley-Dings auf der Seite nebenan. Erzähle außerdem einem Freund oder einer Freundin von deiner Woche und teile deine Freude oder deinen Frust.

Mit anderen als Gruppe

Falls du diese Woche positiv überrascht wurdest von der Tatsache, dass es möglich ist, jemandem das Evangelium zu erklären, dann:

1. Zeichne ein großes Smiley auf die Seite nebenan.
2. Schicke eine Happy-Smiley-SMS an zwei Leute aus deiner SHINE Experience-Gruppe.

Falls diese Woche eher Frust bei dir hinterlassen hat, dann:

1. Reiße die nächste Seite aus dem Buch, zerknülle sie und wirf sie aus zwei Metern Distanz in den Mülleimer. Wenn du nicht getroffen hast oder der Frust immer noch durch den Zwölffingerdarm wummert, kannst du den Wurf beliebig oft wiederholen.
2. Schicke ein Frust-Smiley an zwei Leute aus deiner SHINE Experience-Gruppe.

Falls du nun auch den einen oder anderen Smiley erhältst, kannst du folgendermaßen reagieren:

1. Happy-Smiley erhalten: Du schickst ein «WAHHUUUUUUU!» oder sonst einen Begeisterungssturm zurück.
2. Frust-Smiley erhalten: Du antwortest mit einem «Daumen hoch» oder einer Kracher-Wort-Ermutigung

3

EINHEIT

Share Faith

– MY STORY –

DANKE, GOTT, DASS DU EINE EINZIGARTIGE GESCHICHTE MIT MIR GESCHRIEBEN HAST UND WEITER SCHREIBST. ICH STELLE MICH DIR, JESUS, ZUR VERFÜGUNG UND BETE, DASS DU MIR EINE GELEGENHEIT GIBST, DIESE WOCHE MINDESTENS EINER PERSON MEINE GESCHICHTE MIT DIR WEITERZUERZÄHLEN.
AMEN

Personal-Time/Community-Time | Tag 1

Die Jünger von Jesus erlebten ihn live und berichteten aus erster Hand, was sie mit Jesus erlebt hatten. Sie waren mit ihm unterwegs und Zeugen von dem, was er tat. Auch heute noch kannst du berichten, was du mit Jesus erlebst – nicht nur, was du weißt, gehört oder gelesen hast. Du kannst und sollst deine Geschichte mit ihm weitergeben. Diese Einheit hilft dir, deine Geschichte mit Gott zu finden und einfach und verständlich wiederzugeben.

Folgende Fragen helfen dir, dein Thema – deine Geschichte mit Gott – zu finden:

- Was begeistert, überzeugt oder überwältigt dich an Jesus Christus, Gott oder dem Heiligen Geist?

- Wonach hast du in dem Moment gesucht, als du dich bewusst auf die Beziehung mit Jesus Christus eingelassen hast?

- Welche Erlebnisse mit Gott haben dich zutiefst angesprochen und verändert?

Wichtig: Sei ehrlich! Du darfst auch Bereiche erwähnen, die dir noch Schwierigkeiten bereiten. Es geht beim «Bezeugen» nicht um persönliche Reklame. Im Mittelpunkt steht Gottes liebendes Handeln und wie er in dein Leben eingriff und immer noch eingreift.

Heart | Tag 2

Du bist ein einzigartiger und wertvoller Mensch! Deine Einzigartigkeit beweist dein Fingerabdruck und jedes einzelne deiner Gene. Deinen Wert spricht Gott dir persönlich zu (dazu wirst du bald mehr lesen). Aus diesem Grund hast gerade du den Menschen in deinem Umfeld viel weiterzugeben. Stell dir vor, die Königin von England würde dich adoptieren – einfach so. Deine Geld- und Klamottensorgen wären im Nu gelöst. Es ginge aber noch viel weiter: Du würdest dermaßen mit Gutem überschüttet, dass du all deine Freunde daran teilhaben lassen könntest (wie wär's zum Beispiel mit einer Pool-Party für deinen ganzen Freundeskreis?). Wenn du Gottes Kind bist, darfst du dich nicht «nur» Prinz oder Prinzessin von England, sondern Kind des Königs der Könige nennen.

ACTION STEP:

Lies folgende Verse durch und mache nach jedem Abschnitt drei Minuten Pause, um zu überlegen, was das für dich persönlich bedeutet.

Du hast alles in mir geschaffen und hast mich im Leib meiner Mutter geformt. Ich danke dir, dass du mich so herrlich und ausgezeichnet gemacht hast! Wunderbar sind deine Werke, das weiß ich wohl. Du hast zugesehen, wie ich im Verborgenen gestaltet wurde, wie ich gebildet wurde im Dunkel des Mutterleibes. Du hast mich gesehen, bevor ich geboren war. Jeder Tag meines Lebens war in deinem Buch geschrieben. Jeder Augenblick stand fest, noch bevor der erste Tag begann.
Psalm 139,13–16

Was gefällt dir an der Art und Weise, wie Gott dich gemacht hat und wie du bist?

____

____

____

____

All denen aber, die ihn aufnahmen und an seinen Namen glaubten, gab er das Recht, Gottes Kinder zu werden. Sie wurden dies weder durch ihre Abstammung noch durch menschliches Bemühen oder Absicht, sondern dieses neue Leben kommt von Gott.
Johannes 1,12–13

Ich nenne euch nicht mehr Diener, weil ein Herr seine Diener nicht ins Vertrauen zieht. Ihr seid jetzt meine Freunde, denn ich habe euch alles gesagt, was ich von meinem Vater gehört habe.
Johannes 15,15

Was ist dir an deiner Beziehung zu Gott besonders kostbar?

____

____

____

Das bedeutet aber, wer mit Christus lebt, wird ein neuer Mensch. Er ist nicht mehr derselbe, denn sein altes Leben ist vorbei. Ein neues Leben hat begonnen
2. Korinther 5,17

Denn wir sind Gottes Schöpfung. Er hat uns in Christus Jesus neu geschaffen, damit wir zu guten Taten fähig sind, wie er es für unser Leben schon immer vorgesehen hat.
Epheser 2,10

Wie hilft dir der Glaube an Jesus im täglichen Leben?

____

____

____

Get ready | Tag 3

Heute schreibst du deine persönliche Geschichte mit Gott in Stichworten auf. Du hast dir bereits am ersten Tag dieser Einheit Gedanken darüber gemacht. Schreib zuerst einige Stichworte zu den drei unten stehenden Fragen auf. Du solltest nach dieser Einheit deine Geschichte in zwei Minuten erzählen können.

1. Wie war dein Leben, bevor du es Jesus anvertraut hast? Wie hast du über das Leben gedacht, was waren deine Nöte und Probleme? Welche konkreten Erlebnisse, Situationen oder Menschen beschreiben dein damaliges Leben?

2. Wie hast du Jesus kennengelernt und ihm dein Leben anvertraut? Waren andere Menschen involviert? Was hast du gebetet, dabei gedacht und empfunden? Warum hast du Jesus dein Leben anvertraut?

3. Wie hat sich dein Leben danach verändert? Wie prägt die Beziehung zu Jesus dein Leben? Wer ist Jesus für dich?

_ _

_ _

_ _

_ _

_ _

_ _

_ _

_ _

_ _

Auf www.mystory.me findest du viele persönliche Geschichten von Menschen mit Gott. Diese Beispiele können dir helfen, deine Geschichte knackiger zu formulieren.

Wenn du nicht weiterkommst oder dir keine Geschichte in den Sinn kommt:
Bete, dass Gott dir ein Erlebnis in Erinnerung ruft, das du mit ihm gemacht hast. Frag einen Freund oder eine Freundin, ob er oder sie etwas weiß, das Gott in deinem Leben getan hat.

Wenn das immer noch nicht hinhaut:
Bitte Gott um ein Erlebnis mit ihm. Lass die nächsten vier Tage im Buch aus, und bete stattdessen jeden Tag, dass Gott dir begegnet. Wenn du etwas erlebst, schreib das unbedingt hier auf! Und wichtig ist dabei, dass du mit offenen Augen durchs Leben gehst. Manchmal sind es die ganz kleinen, unscheinbaren Dinge, die Gott tut. Oder vielleicht ist etwas, das eben NICHT passiert, ein Zeichen seiner Anwesenheit.

Bible | Tag 4

Wow, hoffentlich hast du jetzt deine einzigartige Geschichte mit Gott am Start. Die Bibel ermutigt dich, diese Geschichte fröhlich-freundlich mit anderen Menschen zu teilen.
Lies folgende ermutigende Bibelstelle:

Ihr selbst seid unser Empfehlungsbrief, geschrieben in unsere Herzen, ein Brief, der allen Menschen zugänglich ist und den alle lesen können. Ja, es ist offensichtlich, dass ihr ein Brief seid, den Christus selbst verfasst hat und der durch unseren Dienst zustande gekommen ist. Er ist nicht mit Tinte geschrieben, sondern mit dem Geist des lebendigen Gottes, und die Tafeln, auf denen er steht, sind nicht aus Stein, sondern aus Fleisch und Blut; es sind die Herzen von Menschen.
2. Korinther 3,2–3 (NGÜ)

Da steht es also schwarz auf weiß, dass Gott seine Geschichte mit Menschen schreibt. Auch du bist wie ein lebendiger, greifbarer und ansehnlicher Brief, den Gott geschrieben hat und andere Menschen lesen können. Du brauchst nur dein Leben – oft auch deinen Mund – für andere Menschen zu öffnen, damit dein Brief für andere lesbar wird.

Christus, der Herr, soll der Mittelpunkt eures Lebens sein. Seid immer dazu bereit, denen Rede und Antwort zu stehen, die euch nach eurem Glauben und eurer Hoffnung fragen. Begegnet ihnen freundlich und mit Respekt. Ihr sollt ein gutes Gewissen haben! Dann nämlich werden alle, die Lügen über euch verbreitet haben, beschämt sein. Sie werden erkennen, dass sie Menschen verleumdet haben, die in der Verbundenheit mit Christus ein vorbildliches Leben führen.
1. Petrus 3,15–16 (HFA)

Aber ihr werdet den Heiligen Geist empfangen und durch seine Kraft meine Zeugen sein in Jerusalem und Judäa, in Samarien und auf der ganzen Erde.
Apostelgeschichte 1,8

Diese Bibelstellen sagen nochmals auf andere Weise, dass es wichtig ist zu erzählen, was wir erlebt haben und was in uns lebendig ist. Ein Zeuge muss niemanden überzeugen, sondern darf einfach erzählen, was er erlebt und gesehen hat. Von was kannst du Zeugnis geben? Was erlebst du in deinem Leben mit Jesus, das dir niemand mehr nehmen kann?

ACTION STEP:

Lies diese drei Bibelstellen noch einmal durch und setze jeweils deinen Namen ein (z.B.: Christus, der Herr, soll der Mittelpunkt meines [ja, genau meines!] Lebens sein. Ich [Sarah] bin immer dazu bereit ... usw.).

Action | Tag 5

Heute ist Action angesagt. Es geht darum, jemandem deine Geschichte zu erzählen, die du vor zwei Tagen aufgeschrieben hast. Wähle zwischen Level 1 und Level 2 aus. Es geht nicht darum, jemandem deine Geschichte um die Ohren zu schlagen, der sich überhaupt nicht dafür interessiert. Es geht um Beziehung und echtes Interesse an deinem Gegenüber. Das ist die beste Grundlage dafür, dass die andere Person sich auch für dich und dein Leben interessiert.

Level 1: Frage eine Person, die Jesus bereits kennt, warum sie an Gott glaubt. Erzähle danach deine Geschichte.
Level 2: Frage eine Person, die Jesus noch nicht kennt, an was sie glaubt. Erzähle danach deine Geschichte.

Für dich alleine

Nimm dir am Abend 3 Minuten Zeit, um dein Erlebtes mit Gott zu teilen. Lass dich von seinen guten Gedanken über dich füllen – egal, was du heute geschafft oder nicht geschafft hast: Du bist sein Held/seine Heldin!

Mit anderen als Gruppe

Egal, welches Level du geschafft hast: Schicke eine SMS an jemanden aus deiner Gruppe, und schreib kurz, wie das Erzählen deiner Geschichte für dich war.

Ideen, zu welchem Zeitpunkt du deine Geschichte erzählen kannst:

WENN SICH JEMAND WUNDERT, WARUM DU ANDERS BIST ODER EINEN «FRIEDEN» AUSSTRAHLST

WENN FREUNDE ÜBER DEIN LEBEN ODER DEINE VERGANGENHEIT FRAGEN STELLEN

Wenn eine Beziehung superoberflächlich geworden ist

Wenn Jesus, Kirche oder Religion in einem Gespräch auftauchen

WENN JEMAND STÄNDIG DEINE POSTS AUF FACEBOOK LIKED

WENN EIN FREUND EINE KRISE DURCHLEBT

Wenn du weißt, dass jemand aus deinem Umfeld bereits Erfahrungen mit Gott oder dem Übernatürlichen gemacht hat

WENN DU MERKST, DASS DICH JEMAND TOTAL SYMPATHISCH FINDET UND GERNE MIT DIR ZUSAMMEN IST

WENN GOTT DIR AUFS HERZ LEGT, JEMANDEM DEINE GESCHICHTE ZU ERZÄHLEN

DU MUSST NIEMANDEN ANGESTRENGT ZUR UMKEHR BEWEGEN. JEDER MENSCH MUSS SICH SELBER FÜR ODER GEGEN EIN LEBEN MIT GOTT ENTSCHEIDEN. ABER DU KANNST SIE AUF DIESEM WEG UNTERSTÜTZEN UND «ZEUGE» SEIN VON DEM, WAS GOTT IN EINEM LEBEN VERÄNDERN KANN.

Learn | Tag 6

Gehe auf www.mystory.me und lies drei Storys durch.
Überlege dir dabei folgende Fragen:

- Welche Aussagen/Worte machen die Geschichten besonders verständlich, spannend, treffend und berührend?

- Was hat mich besonders angesprochen und berührt? Warum war das so oder warum nicht?

- Sind die Geschichten verständlich? Würden meine Freunde sie verstehen?

ACTION STEP:

Nimm dir jetzt noch einmal 10 Minuten Zeit, deine Story zu verbessern. Warum nicht gleich deine Story auf Video aufnehmen und auf www.mystory.me veröffentlichen?

Surprise | Tag 7

Sag Gott einfach mal so richtig fett Danke, dass du ihn kennst und er in deinem Leben ist. Mach eine kleine Party for one mit Jesus. Hole dir etwas zu trinken, stoße an und feiere deine Beziehung mit ihm. Dazu kannst du jedes einzelne Konfetti aus der rechten Seite ausschneiden, leidenschaftlich schwungvoll in Richtung Himmel werfen und dabei jauchzen, so laut du kannst.

Eine Möglichkeit, wie dein Inneres auch für dein Umfeld sichtbar wird: Poste einen der folgenden Sätze oder eine Eigenkreation auf Facebook, Twitter, Instagram, WhatsApp oder Ich-weiß-nicht-was:

- Ich glaube an Gott – frag mich, warum!
- Ich hab was zu erzählen. Schreib mir eine PN.
- Ich hab in meinem Leben was zu feiern! Willst du wissen, was?
- Ich habe eine Beziehung. Frag mich mal, mit wem!

4
EINHEIT
Hug People

LASST UNS NICHT MÜDE WERDEN, DAS GUTE ZU TUN; DENN WENN WIR DARIN NICHT NACHLASSEN, WERDEN WIR ERNTEN, SOBALD DIE ZEIT DAFÜR GEKOMMEN IST. DESHALB WOLLEN WIR, SOLANGE WIR NOCH ZEIT HABEN, ALLEN MENSCHEN GUTES TUN, BESONDERS ABER DENEN, DIE MIT UNS IM GLAUBEN VERBUNDEN SIND.

GALATER 6,9–10 (EÜ)

Personal-Time/Community-Time | Tag 1

«Liebe Gott und deinen Nächsten wie dich selbst!» (nach Lukas 10,27)
In diesen Worten ist alles zusammengefasst, worum es Gott beim Thema Liebe geht. Praktisch gelebte Nächstenliebe ist absolut zentral. In dieser Einheit erfährst du, was es heißt, sich Jesus ganz zur Verfügung zu stellen und um Gelegenheiten zu beten, andere Menschen zu «umarmen». Besonders auch solche, die dir nicht auf Anhieb sympathisch sind.

Die Bibel
Lies die beiden Geschichten in Lukas 10,25–42: Der barmherzige Samariter und Jesus bei Maria und Martha.

Und du?
- Was ist deine bevorzugte Art, Liebe zu erhalten?
- Wie zeigst du gerne Liebe oder dass du jemanden magst?
- Wo hast du kürzlich erlebt, dass du nicht nur Gutes getan hast, sondern auch, wie Galater 6,9 sagt, «geerntet hast» – das heißt selbst gesegnet worden bist?

Nächstenliebe drückt sich in praktischer Hilfe aus, im Geben und im Dienen, aber auch im Zuhören und Anteilnehmen.

BEHANDELT DIE MENSCHEN SO, WIE IHR SELBST VON IHNEN BEHANDELT WERDEN WOLLT.

MATTHÄUS 7,12 (GNB)

Heart | Tag 2

Von welcher Person (Mutter, Vater, Freundin, Leiter, Nachbar usw.) bekommst du ganz schön viel Liebe und wie drückt sich diese aus?

_ _

_ _

_ _

Welche Art von «hug» («Umarmung» hier im Sinn von: Zuneigung zeigen) fällt dir leicht?
1 = ist supermühsam und doof / **5** = ist supereinfach und kostet mich nichts

	1	2	3	4	5
ermutigen	☐	☐	☐	☐	☐
praktisch helfen	☐	☐	☐	☐	☐
schenken	☐	☐	☐	☐	☐
zuhören	☐	☐	☐	☐	☐
etwas unternehmen	☐	☐	☐	☐	☐
miteinander essen	☐	☐	☐	☐	☐
nachfragen	☐	☐	☐	☐	☐
besuchen	☐	☐	☐	☐	☐
erklären	☐	☐	☐	☐	☐
einladen	☐	☐	☐	☐	☐
beten	☐	☐	☐	☐	☐

ACTION STEP:

Nimm deine Bibel und lies darin Lukas 10,25–37.

Nimm dir Zeit, um folgende Fragen zu beantworten:

1. Wann habe ich kürzlich gedacht: Ein anderer wird's dann schon machen? (Der Samariter hat konkret geholfen!)

2. Wer ist mein Nächster, bei dem meine Hilfe gefragt ist?

3. Darf es mich auch etwas kosten, «hugs» zu verteilen (z.B. Geld, Zeit, Energie, Verzicht)? Wo fällt mir das schwer?

4. Helfe ich auch dann, wenn ich keine Gegenleistung erwarten kann?

WERDET NICHT MÜDE, GUTES ZU TUN. ES WIRD EINE ZEIT KOMMEN, IN DER IHR EINE REICHE ERNTE EINBRINGT. GEBT NUR NICHT VORHER AUF!
GALATER 6,9 (HFA)

Get ready | Tag 3

Schreibe auf dieser Seite zu jedem Buchstaben des ABCs eine Liebestat hin, die du tun könntest:

A _ _ _ _ _ _ _ _ _ _ _ _ _ _ _ _ _ _ _

B _ _ _ _ _ _ _ _ _ _ _ _ _ _ _ _ _ _ _

C _ _ _ _ _ _ _ _ _ _ _ _ _ _ _ _ _ _ _

D _ _ _ _ _ _ _ _ _ _ _ _ _ _ _ _ _ _ _

E _ _ _ _ _ _ _ _ _ _ _ _ _ _ _ _ _ _ _

F _ _ _ _ _ _ _ _ _ _ _ _ _ _ _ _ _ _ _

G Gespräch mit Außenseiter suchen oder … _ _ _ _ _ _ _ _ _

H _ _ _ _ _ _ _ _ _ _ _ _ _ _ _ _ _ _ _

I _ _ _ _ _ _ _ _ _ _ _ _ _ _ _ _ _ _ _

J _ _ _ _ _ _ _ _ _ _ _ _ _ _ _ _ _ _ _

K Komplimente weitergeben oder … _ _ _ _ _ _ _ _ _ _ _

ACTION STEP:

Streiche mit einem Leuchtstift zwei «hugs» an, die du heute umsetzen möchtest

L _ _ _ _ _ _ _ _ _ _ _ _ _ _ _ _

M _ _ _ _ _ _ _ _ _ _ _ _ _ _ _ _

N _ _ _ _ _ _ _ _ _ _ _ _ _ _ _ _

O _ _ _ _ _ _ _ _ _ _ _ _ _ _ _ _

P Pausenbrot teilen oder … _ _ _ _ _ _ _ _ _ _ _

Q _ _ _ _ _ _ _ _ _ _ _ _ _ _ _ _

R _ _ _ _ _ _ _ _ _ _ _ _ _ _ _ _

S _ _ _ _ _ _ _ _ _ _ _ _ _ _ _ _

T _ _ _ _ _ _ _ _ _ _ _ _ _ _ _ _

U _ _ _ _ _ _ _ _ _ _ _ _ _ _ _ _

V _ _ _ _ _ _ _ _ _ _ _ _ _ _ _ _

W _ _ _ _ _ _ _ _ _ _ _ _ _ _ _ _

X _ _ _ _ _ _ _ _ _ _ _ _ _ _ _ _

Y _ _ _ _ _ _ _ _ _ _ _ _ _ _ _ _

Z _ _ _ _ _ _ _ _ _ _ _ _ _ _ _ _

Bible | Tag 4

Nimm deine Bibel und lies darin Lukas 15,11–32. Bete, bevor du liest, dass du dabei Gottes Stimme hörst und von ihm lernst. Mach das mal, bevor du hier weiterliest.

Zu jener Zeit war es unvorstellbar und etwas vom Schlimmsten, wenn ein Sohn seinen Erbanteil ausbezahlt haben wollte. Es bedeutete, dass sich der Sohn komplett gegen die Familie stellte. Ebenso war es unüblich und galt als ziemlich unangebracht, dass ein älterer Mann rannte. Wenn wir in dieser Geschichte den Vater etwas genauer unter die Lupe nehmen, kommen ganz spannende Details zum Vorschein.

- Der Vater hält nach seinem Sohn Ausschau, sonst würde er ihn nicht von Weitem erkennen.
- Der Vater rennt dem Sohn entgegen.
- Der Vater macht dem Sohn keine Vorwürfe.
- Der Vater fragt nicht, wo der Sohn die ganze Zeit gewesen ist, sondern nimmt ihn wieder in seinem Haus auf.
- Der Vater gibt dem Sohn Schuhe und damit den Stand eines freien Mannes (im Gegensatz zu einem barfüßigen Sklaven).
- Der Vater kleidet den Sohn in einen Mantel und deckt so symbolisch seine Sünden zu.
- Der Vater steckt dem Sohn einen Ring an den Finger und zeigt damit, dass er wieder zur Familie gehört.

Genau das, was der Vater in diesem Gleichnis tut, macht Gott für dich. Er umarmt dich voller Liebe, egal, was in deinem Leben schon passiert ist. Er sagt dir, dass sein Haus dein Zuhause ist und dir seine überfließende Liebe gilt. Diese Liebe hat ihn etwas gekostet. In Jesus ist er am Kreuz für dich gestorben: Das ist die göttliche Umarmung für dich. Es zeigt, dass Gott nach dir Ausschau hält, weil er dich in seiner Nähe haben will und eine ganz persönliche Beziehung zu dir sucht. Er ist nicht nachtragend, ganz egal, wo du die letzten Monate oder Jahre verbracht hast. Er umarmt dich sogar, wenn du nach Schweinen riechst.

ACTION STEP:

Nimm dir abschließend drei Minuten Zeit und genieße die Gegenwart Gottes. So kannst du mehr von Gottes Liebe und seiner Umarmung für dich begreifen – und spüren, wie wichtig es auch für andere Menschen ist, «gehugt» zu werden.

Action | Tag 5

Erstelle eine Liste mit deinen Kameraden – also zum Beispiel deiner Schulklasse. Falls du eine Lehr- oder Arbeitsstelle hast, kannst du die Namen deiner Arbeitskollegen aufschreiben oder die Mitglieder deiner Unterwasser-Nordic-Walking-Hobbytruppe. Mach das mal – also das mit der Liste, nicht das Unterwasser-Dings – und lies unbedingt erst nachher auf der nächsten Seite weiter!

ACTION STEP:

Überlege dir jetzt noch einmal genau, ob das alle sind oder ob du noch eine oder mehrere Personen vergessen hast. Deine Aufgabe ist es nun, eine Person, die du vergessen hast oder die ganz unten auf deiner Liste steht, zu «hugen». Überlege dir, was du ihr Gutes tun kannst. Das kann eine nette Überraschungs-SMS sein, ein kleines Geschenk oder was immer dir einfällt. Es ist sehr wahrscheinlich, dass die Personen unten auf der Liste nicht zu deinem engsten Freundeskreis gehören. Und genau da zeigt sich oft Gottes Liebe. Nicht da, wo wir Menschen lieben, die wir sowieso schon gernhaben, sondern bei denen, die uns auf den ersten Blick nicht immer liebenswert erscheinen. Ist dir schon einmal aufgefallen, wie oft Jesus sich mit Menschen am Rande der Gesellschaft abgegeben hat, um ihnen Gottes Liebe näher zu bringen? In 1. Johannes 2,6 heißt es: *«Wer behauptet, dass er zu Gott gehört, soll leben, wie Christus es vorgelebt hat.»* Darum: Lade den Heiligen Geist ein, dir aufzuzeigen, wen du «umarmen» sollst und wie dies konkret aussehen soll. Und dann los, gib dieser Person heute einen «hug»!

Deine Liste:

WAS IHR FÜR EINEN DER GERINGSTEN MEINER BRÜDER UND SCHWESTERN GETAN HABT, DAS HABT IHR FÜR MICH GETAN!

MATTHÄUS 25,40

GOTT HAT UNS ZWEI HÄNDE GEGEBEN – EINE ZUM EMPFANGEN UND EINE ANDERE ZUM GEBEN.

BILLY GRAHAM

DIE LIEBE GOTTES GIBT NIEMANDEN AUF.

CORRIE TEN BOOM

ICH KÜMMERE MICH NIE UM MENSCHENSCHAREN, SONDERN NUR UM EINE PERSON. WÜRDE ICH DIE SCHAREN ANSEHEN, WÜRDE ICH NIE BEGINNEN.

MUTTER TERESA

Learn | Tag 6

Die Geschichten von anderen Menschen zu hören und von ihnen zu lernen, ist immer wieder spannend. Heute hast du eine simple Aufgabe, die das Potenzial hat, dein Leben auf den Kopf zu stellen.

ACTION STEP:

Nimm Kontakt (Telefon, Besuch, E-Mail) mit einer älteren Person auf (Oma, Onkel, Leiter der Kirche, Nachbar), und frage diese, wie sie in ihrem Leben Nächstenliebe gelebt hat. Du kannst es damit verbinden, dass du deiner Oma endlich wieder einmal selbst gepflückte Blumen bringst. Lerne von Lebensgeschichten, und sei gleichzeitig bereit die Person in irgendeiner Form zu «hugen».

Ich ergreife in der Kraft des Heiligen Geistes die Initiative, um anderen Gottes Liebe zu zeigen, und überlasse das Resultat Gott.

Surprise | Tag 7

Schneide den Satz auf der linken Seite aus, lerne ihn auswendig und leg ihn für eine Nacht unter das Kopfkissen. Teste, ob du den Spruch am nächsten Morgen noch auswendig weißt.

5 EINHEIT

Inspire Yourself

Personal-Time/Community-Time | Tag 1

In der letzten Einheit hast du fleißig Menschen umarmt. Nun schaust du mitten in dein Herz hinein. Du entdeckst, wie Bibellesen, Gebet und das Hören auf Gottes Stimme praktisch und spannend erlebt werden können.

Die Bibel

Denn alles, was in der Schrift steht, ist von Gottes Geist eingegeben, und dementsprechend groß ist auch der Nutzen der Schrift: Sie unterrichtet in der Wahrheit, deckt Schuld auf, bringt auf den richtigen Weg und erzieht zu einem Leben nach Gottes Willen. So ist also der, der Gott gehört und ihm dient, mithilfe der Schrift allen Anforderungen gewachsen; er ist durch sie dafür ausgerüstet, alles zu tun, was gut und richtig ist.
2. Timotheus 3,16–17 (NGÜ)

Und du?

- Wie oft liest du in der Bibel? Was hilft dir dabei, was nicht?
- Erlebst du, dass die Bibel klar zu dir spricht?
- Wo hat dich Gott schon mal durch sein Wort «unterrichtet», etwas gelehrt?
- Wo hast du erlebt, dass du durch Gottes Wort (eine Geschichte aus der Bibel/einen einzelnen Vers) Veränderung erfahren hast?
- Wie hat Gott bereits zu dir gesprochen?

Für dich alleine

Wenn du SHINE Experience alleine durchziehst, frage noch heute bei einer Person nach, wie sie die Beziehung zu Gott pflegt und auf seine Stimme hört. Vielleicht spricht dich davon etwas an, das du gleich selber ausprobieren kannst.

Tipp

Lies die Bibel am **Morgen** mit dem Ziel, Gott – und dich selbst – besser kennenzulernen.

- Was sagt mir die Textstelle über Gott – wer er ist und was er tut?
- Was sagt mir der Text über mich – wer ich bin, was ich (nicht) tun soll?

Besprich am **Abend** den Tag mit Jesus.

- Wofür bin ich heute am meisten dankbar? Hier hast du Gelegenheit, Jesus zu danken, wo er dir begegnet ist oder dich gebraucht und beschenkt hat.
- Wofür bin ich heute am wenigsten dankbar? Hier hast du Gelegenheit, Schuld abzulegen, um Vergebung zu bitten oder anderen zu vergeben, die an dir schuldig geworden sind oder dich frustriert haben. Das ist wie geistliches Atmen:
  ausatmen = Schuld bekennen und vergeben
  einatmen = dich wieder vom Heiligen Geist erfüllen lassen

Heart | Tag 2

Wissen zur Bibel:
Das Wort Bibel bedeutet wörtlich «Bücher». Tatsächlich besteht die Bibel aus 66 einzelnen Büchern, die von über 40 Autoren über einen Zeitraum von rund 1 500 Jahren geschrieben wurden. Das Alte Testament wurde im Zeitraum von ca. 1 400 bis ca. 400 v.Chr. auf Hebräisch und Aramäisch verfasst. Das Neue Testament wurde zwischen 30 und ca. 95 n.Chr. in griechischer Sprache verfasst. Die Bibel ist uns Menschen gegeben, damit wir erkennen und erfahren, wer Gott ist, und damit wir von seinen Worten und Gedanken inspiriert werden, wie wir unser Leben gut führen können.
Wie kann ein junger Mensch in seinem Leben rein von Schuld bleiben? Indem er sich an dein Wort hält und es befolgt. Psalm 119,9

Es ist wichtig, dass du Gottes Reden hörst und dich aktiv damit auseinandersetzt. Was empfindest du spontan bei folgenden Sätzen aus der Bibel? Kreuze an:

Ich danke dir (Gott), dass du mich so herrlich und ausgezeichnet gemacht hast! Psalm 139,14
o volle Zustimmung
o ääääh, nicht ganz sicher
o das kann ich nicht unterschreiben

Bei Gott ist nichts unmöglich. Lukas 1,37
o volle Zustimmung
o ääääh, nicht ganz sicher
o das kann ich nicht unterschreiben

Alles trägt zum Besten derer bei, die Gott lieben. Römer 8,28 (NGÜ)
o volle Zustimmung
o ääääh, nicht ganz sicher
o das kann ich nicht unterschreiben

Lieber arm sein und den Herrn ernst nehmen als reich sein und in ständiger Sorge. Sprüche 15,16 (GNB)
o volle Zustimmung
o ääääh, nicht ganz sicher
o das kann ich nicht unterschreiben

DEIN WORT IST MEINE LIEBLINGSSPEISE, ES IST SÜßER ALS DER BESTE HONIG.

PSALM 119,103 (HFA)

Worte sind wie Nahrung für unser Herz und unseren Geist. Von welchen Worten ernährst du dich? Wenn wir uns nur von Junkfood ernähren, wird man uns das bald ansehen. Leider füttern wir unser Herz oft mit Junknews, Junkworten und Junkwahrheiten. Das erstickt das Leben, und wir glauben den Halbwahrheiten der Welt mehr als der ganzen Wahrheit, die von Gottes Wort kommt. Darum steht in der Bibel, worauf du besonders achtgeben solltest:

VOR ALLEM ABER BEHÜTE DEIN HERZ, DENN DEIN HERZ BEEINFLUSST DEIN GANZES LEBEN.

SPRÜCHE 4,23

ACTION STEP:

Damit das praktisch wird: Achte heute einmal ganz bewusst darauf, was du in dein Herz reinlässt und was das, was da reinkommt, mit dir macht. Prägt es dich positiv oder negativ? Macht es dich lebendig oder hinterlässt es einen seltsamen Geschmack? Weckt es Glauben in dir oder zerstört es dein Vertrauen zu Jesus?

Nimm deine Bibel und lies Lukas 6,45.
In welchem Lebensbereich solltest du den schlechten Input auf dein Herz und dein Leben stoppen?

Hier ist ein einfaches Gebet, das du Gott gleich jetzt sagen kannst:
Jesus, du bist der Weg, die Wahrheit und das Leben. Bewahre mich davor, dass ich Schlechtes in mich hineinlasse, und räume aus meinem Herzen aus, was nicht hineingehört. Füll mich mit deinen Worten. Amen.

Get ready | Tag 3

Wissen zur Bibel: Es existieren mehr als 5 000 griechische, 10 000 lateinische und 9 300 andere Handschriften des Neuen Testaments. Damit ist das Neue Testament das mit Abstand meistbelegte und bestüberlieferte Buch der Antike. Durch die Analyse dieser Schriften wurde festgestellt, dass der Text der Bibel mit erstaunlicher Genauigkeit bis heute derselbe geblieben ist.

Die Bibel sollte viel mehr sein als ein Staubfänger im Regal. In 2. Timotheus 3,16–17 steht, was Sinn und Zweck von Gottes Wort ist: *Die ganze Schrift ist von Gottes Geist eingegeben und kann uns lehren, was wahr ist, und uns erkennen lassen, wo Schuld in unserem Leben ist. Sie weist uns zurecht und erzieht uns dazu, Gottes Willen zu tun. Durch die Schrift bereitet Gott uns umfassend vor und rüstet uns aus für alles, was wir nach seinem Willen tun sollen.*

ACTION STEP:

Schreib dir 2. Timotheus 3,16–17 dort auf, wo du in den nächsten Tagen daran erinnert wirst.

- Schreib ihn auf ein Post-it und klebe es an den Kühlschrank.
- Mach dir eine Erinnerung in dein Smartphone, das dich alle drei Stunden an diesen Vers erinnert.
- Oder schreib den Vers ab und hänge ihn über dein Bett.

Mahatma Gandhi, der selbst Hindu war, hat einmal gesagt: «Ihr Christen habt in eurer Obhut ein Dokument mit genug Dynamit in sich, die gesamte Zivilisation in Stücke zu blasen, die Welt auf den Kopf zu stellen; dieser kriegszerrissenen Welt Frieden zu bringen. Aber ihr geht damit so um, als ob es bloß ein Stück guter Literatur ist, sonst weiter nichts.»

EINE BIBEL, DIE AUSEINANDER FÄLLT, GEHÖRT MEIST DENEN, DEREN LEBEN ES NICHT TUT!

CHARLES SPURGEON[1]

[1] Mehr kernige und gehaltvolle Worte von Spurgeon, dem bekanntesten Prediger aus dem 19. Jahrhundert, findest du z.B. im Buch: *Hast du mich lieb?* Bielefeld: CLV 1996.

Bible | Tag 4

Wissen zur Bibel: Im Jahr 1947 fand man in den Höhlen von Qumran eine 7,34 Meter lange Schriftrolle aus dem 2. Jahrhundert vor Christus. Es war das Buch des Propheten Jesaja. Dieser Fund war sensationell, da dieser Text etwa um 1000 Jahre älter war als alle bisher bekannten Jesaja-Abschriften, aber eine große Zuverlässigkeit aufwies.

Wer die Bibel nicht liest, verhält sich wie jemand, der im Supermarkt verhungert. Aber wie wird das Bibellesen zu einem echten Gewinn für dein Leben?

1. Gib deinem Herzen Nahrung – immer wieder

Lies regelmäßig in der Bibel.

Bibellesen kann zu einer gesunden Gewohnheit werden. So wie du jeden Tag deinen Bauch mit Nahrung füllst, kannst du auch dein Herz mit Wahrheit füllen.

2. Nimm dir Zeit für ein Bibel-Knusper-Frühstück-Müsli

Lies vorzugsweise am Morgen in der Bibel.

Später am Tag ist bei dir eh viel los und du bist schnell abgelenkt. Das heißt aber nicht, dass du später am Tag nicht weiterlesen kannst. Wenn du am Abend ein Zeitfenster hast, das dir super passt (zum Beispiel immer direkt vor dem Schlafengehen), dann nutze diese Zeit.

3. Beiß auch mal in den Rosenkohl

Lies alles, nicht nur deine Lieblingsverse

Wer nur die süßen Lieblingsverse liest, bekommt irgendwann «geistliche Karies» und verliert den Biss. Gott möchte durch sein ganzes Wort zu dir sprechen. Beginne am besten mit dem Neuen Testament.

4. Nimm den Energy-Drink

Bitte den Heiligen Geist, dass er dir beim Verständnis des Gelesenen hilft.

Der Heilige Geist ist unser Helfer und Lehrer! Er hilft dir, das Wort Gottes zu verstehen und seine Bedeutung für dein Leben zu entdecken.

5. Lass dich sättigen

Lies so viel auf einmal, bis etwas bei dir anklingt, bis Gott zu dir gesprochen hat und dich für den neuen Tag stärkt.

Es kann dir auch helfen, Ziele zu setzen (z.B. jeden Tag ein Kapitel lesen). So bekommst du in kleinen Happen neue Inspiration und bleibst dran. «Bis etwas bei dir anklingt» kann aber auch bedeuten, dass du immer und immer wieder dieselben zwei, drei Verse liest.

Fortsetzung »

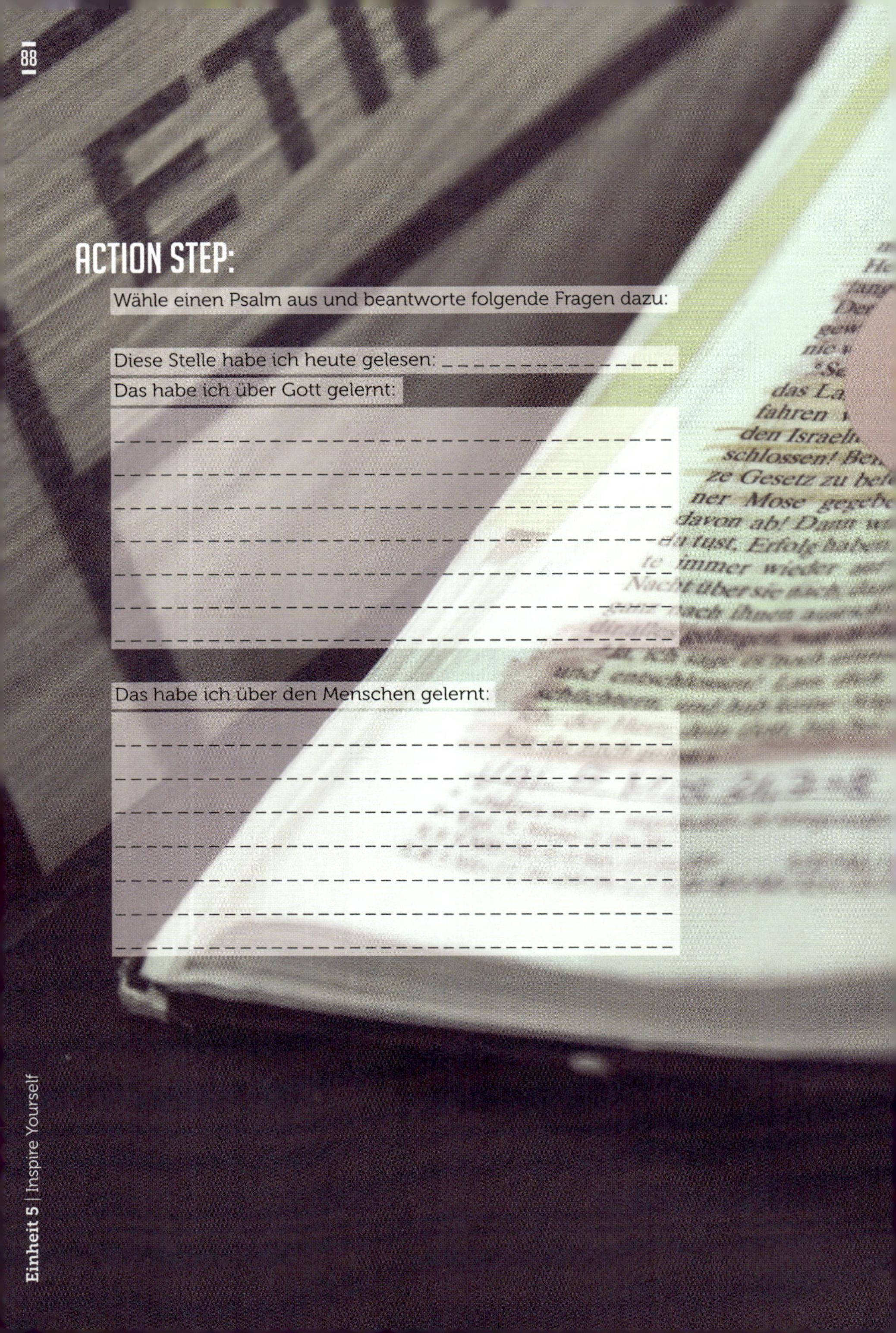

ACTION STEP:

Wähle einen Psalm aus und beantworte folgende Fragen dazu:

Diese Stelle habe ich heute gelesen: ________________

Das habe ich über Gott gelernt:

____

____

____

____

____

____

____

Das habe ich über den Menschen gelernt:

____

____

____

____

____

____

____

Das hat mich ermutigt:

Dieser Frage möchte ich nachgehen:

Ich möchte Folgendes umsetzen:

Tipp:

Vielleicht hilft es dir, wenn du mit drei verschiedenen Farben den Text in der Bibel markierst:

Das sagt der Text über Gott.

Das sagt der Text über den Menschen.

Das merke ich mir.

Action | Tag 5

Wissen zur Bibel: Die Bibel ist das meistgedruckte, am häufigsten übersetzte und am weitesten verbreitete Buch der Welt. Es existieren Gesamtübersetzungen in über 470 Sprachen und Teilübersetzungen in ca. 2 550 Sprachen. Jedes Jahr kommen 30–40 weitere Übersetzungen hinzu. Mit jährlich geschätzten Verkaufszahlen von 44 Millionen steht die Bibel jedes Jahr ganz oben auf den Bestseller-Listen. Wie kann man Fan sein von einem Autor und sein Buch nicht lesen?

Inspiration bedeutet laut Duden: schöpferischer Einfall, plötzliche Erkenntnis, erhellende Idee oder Eingebung.

Von Gott kannst du auf verschiedene Arten inspiriert werden:

- **Durch sein Wort: Sein Wort schafft in uns Leben (vgl. Johannes 6,68).**

- **Durch die Schöpfung: An den Wundern der Schöpfung erkennen wir den unsichtbaren Gott (vgl. Römer 1,20).**

- **Durch den Heiligen Geist: Der Heilige Geist zeigt uns mehr von Gott auf und führt uns in alle Wahrheit (vgl. Johannes 16,13–15).**

- **Durch Bilder: Manchmal spricht Gott durch Träume oder innere Bilder zu uns (vgl. Apostelgeschichte 2,17–18).**

- **Durch Mitmenschen: Oft benutzt Gott andere Menschen, um uns zu inspirieren, z.B. durch eine Predigt, Kunst, Ermutigung, Bücher usw (vgl. 1. Korinther 12,7–11).**

Fortsetzung »

INSPIRE

YOURSELF

Was hilft dir, um inspiriert zu bleiben, sodass du mit Jesus im Alltag SHINEen kannst? Ordne jedem Punkt eine entsprechende Zahl zu. (**1** = trifft nicht zu, **5** = trifft voll zu)

	1	2	3	4	5
Bibellesen	☐	☐	☐	☐	☐
Freunde treffen/Austausch	☐	☐	☐	☐	☐
Kirche/Gottesdienst/Predigt	☐	☐	☐	☐	☐
Allein sein	☐	☐	☐	☐	☐
Natur	☐	☐	☐	☐	☐
Kunst (Songs, Bilder, Videos etc.)	☐	☐	☐	☐	☐
Beten	☐	☐	☐	☐	☐
Träume/Gedanken	☐	☐	☐	☐	☐
Über den Glauben sprechen	☐	☐	☐	☐	☐
Mir hilft _ _ _ _ _ _ _ _ _ _ _ _ _ _ _	☐	☐	☐	☐	☐

ACTION STEP:

Wähle einen Punkt aus der Liste aus, bei dem du eine 3, 4 oder 5 angekreuzt hast. Begib dich bei nächster Gelegenheit in das konkrete Umfeld (geh zum Beispiel in der Natur spazieren oder höre dir eine Predigt an), und bitte Gott, dass er zu deinem Herzen spricht. Nimm dir dafür mindestens 10 Minuten Zeit. Hilfreich kann sein, wenn du ein Blatt bei dir hast, auf dem du alles aufschreibst, was dir in den Sinn kommt.

Learn | Tag 6

Wissen zur Bibel: Die Talmudisten verbrachten zwischen 100–500 n.Chr. viel Zeit damit, das Alte Testament abzuschreiben. Dazu hatten sie viele Regeln zu befolgen. Z.B. «... 8.) Die Vorlage muss eine authentische Kopie sein, von der der Abschreiber nicht im Geringsten abweichen darf. 9.) Kein Wort oder Buchstabe, nicht einmal ein Jota (kleinster Buchstabe des hebr. Alphabets) darf aus dem Gedächtnis geschrieben werden, also ohne dass der Schreiber den vor ihm liegenden Kodex betrachtet hat. [...] 14.) Außerdem muss der Kopist in voller jüdischer Tracht sein und 15.) seinen ganzen Leib gewaschen haben. 16.) Er darf den Namen Gottes nicht mit einem gerade in Tinte getauchten Schreibgerät anfangen, und sollte ihn 17.) ein König anreden, während er diesen Namen schreibt, so darf er ihn nicht beachten.»[2]

Die Bibel setzt die Messlatte hoch an. Sie entlarvt uns Menschen als Sünder – als solche, die immer wieder an Gottes Zielen vorbeischießen. Aber nur, um auf die Vergebung hinzuweisen, die wir durch Jesus haben können. An manch einer Stelle beißt du dir vielleicht die Zähne aus und denkst, dass es doch unmöglich so sein kann, wie es da steht. Aber vielleicht möchte dir Gott gerade an diesen Stellen durch sein Wort Orientierung geben. Das Ziel der Bibel ist, dir ein Leben in der Fülle von Gottes Liebe und Wahrheit zu ermöglichen. Hier ist es ganz wichtig, dass du nicht mit Vorurteilen, sondern mit einem offenen Herzen und mit dem Verständnis von einem guten und liebenden Gott ans Bibellesen rangehst. Ein Gott, der dir Antworten, Hilfestellungen, Anweisungen und dir noch unbekannte Geheimnisse mitteilen will.

DIE MEISTEN MENSCHEN HABEN SCHWIERIGKEITEN MIT DEN BIBELSTELLEN, DIE SIE NICHT VERSTEHEN. ICH FÜR MEINEN TEIL MUSS ZUGEBEN, DASS MICH GERADE DIEJENIGEN BIBELSTELLEN BEUNRUHIGEN, DIE ICH VERSTEHE.
MARK TWAIN

[2] Dieses Zitat von Norman Geisler und William Nix und noch viele andere spannende Argumente für die Wahrheit der Bibel findest du im Buch von Josh McDowell: *Die Bibel im Test*. Holzgerlingen: Hänssler Verlag 2001, 8. Auflage, S. 97.

> **WER SEINE BIBEL LIEST, UM FEHLER DARIN ZU FINDEN, WIRD BALD FESTSTELLEN, DASS DIE BIBEL FEHLER BEI IHM FINDET.**
>
> CHARLES SPURGEON

ACTION STEP:

Wenn du nicht gerne in der Bibel liest, gibt es noch etliche andere Formen, wie du inspiriert werden kannst:

- Installiere dir eine Bibel App auf deinem Smartphone. So kannst du dich überall und zu jeder Zeit immer wieder für Gottes Wort öffnen. Das muss nicht jedes Mal eine supertiefe und -lange Zeit sein. Doch anstelle einer Gratiszeitung kannst du im Zug auf deinem Smartphone lesen und wirst neu inspiriert.

- Unter www.bibletunes.de findest du die Bibel zum Anhören. Das kann für dich ein neues und inspirierendes Erlebnis werden.

- Kauf dir eine Hör-Bibel. So kannst du dir im Zug, im Bett oder im Nirgendwo den Bibeltext vorlesen lassen.

Surprise | Tag 7

Kreuzworträtsel rund um die Bibel:

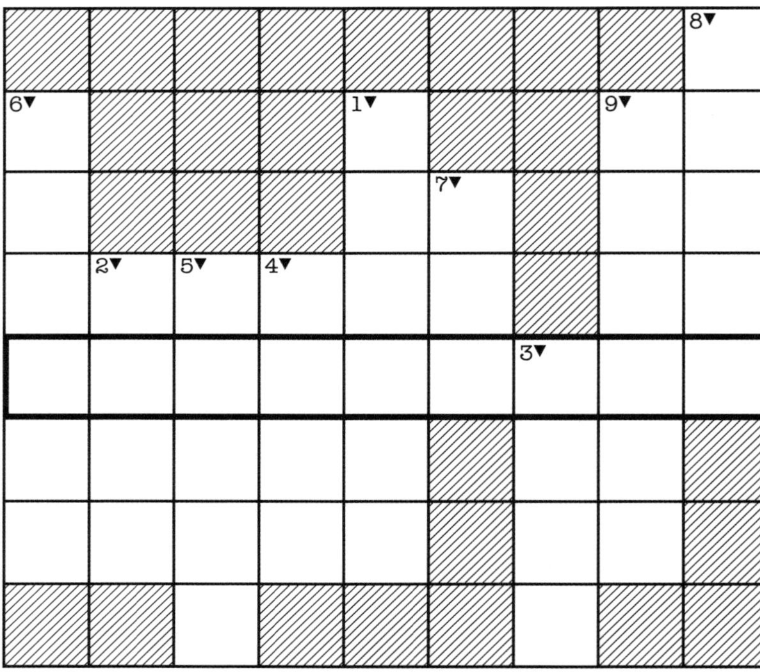

Lösungswort: ______________________________

1. Was ist Paran? (1. Mose 21,21)

2. Wie viele Evangelien gibt es in der Bibel?

3. Mit welcher Pflanze mussten die Israeliten Blut an ihre Türpfosten streichen? (2. Mose 12,22)

4. Wie viele Plagen brachte Gott über Ägypten? (2. Mose 10–11)

5. Welche Tiere ließ Salomo importieren? (1. Könige 10,21–23)

6. Wie wurde Paulus auch noch genannt? (Apostelgeschichte 13,9)

7. Wie hieß der Neffe von Abraham? (1. Mose 14,12)

8. Welcher Vogel kam mit einem Zweig zur Arche zurück? (1. Mose 8,10–11)

9. Welches Tier konnte in der Bibel sprechen (weibliche Form)? (4. Mose 22,28)

6
EINHEIT
Njoy Fellowship

Personal-Time/Community-Time | Tag 1

Diese Einheit ermutigt dich, in Freundschaften zu investieren und deine Gaben in die Gemeinschaft einzubringen, die Gott selber formt. Diese Gemeinschaft kennt keine Landesgrenzen, weil alle Mitglieder einen himmlischen Pass besitzen. Hautfarbe, Sprache oder kultureller Hintergrund stellen für sie keine Hindernisse, sondern vielmehr Ausdruck der Vielfalt Gottes dar. Das ist die Kirche von Jesus Christus!

Die Bibel

- 1. Korinther 14,26
- Römer 12,5–8

Hier noch einmal die Gaben von Römer 12 im Überblick. Es geht uns dabei nicht darum, die verwendeten Begriffe möglichst genau zu beschreiben, sondern dir ein Gespür für deine Begabungen und die große Vielfalt zu geben:
«Prophet»: Ich kann Gottes Reden anderen vermitteln. Ich entdecke und entwickle neue Ideen, Projekte und Produkte.
«Diener»: Ich arbeite gerne im Hintergrund und helfe.
«Lehrer»: Ich bringe anderen gerne etwas bei.
«Tröster»/«Ermahner»: Ich bin eine gewinnende Persönlichkeit, die andere begeistern kann.
«Geber»: Ich bin großzügig (mit Menschen und Ressourcen).
«Vorsteher»: Ich bin ein Leitertyp, der gerne anpackt und «etwas auf die Beine stellt».
«Barmherziger»: Ich bin für andere da und nehme Anteil am Leben meiner Mitmenschen.

Und du?

- Welche ein oder zwei Gaben beschreiben deine Persönlichkeit am besten?
- Wo kommt das zum Vorschein? Wie und wann wendest du diese Gabe an?
- Von welcher Gabe hast du am wenigsten?

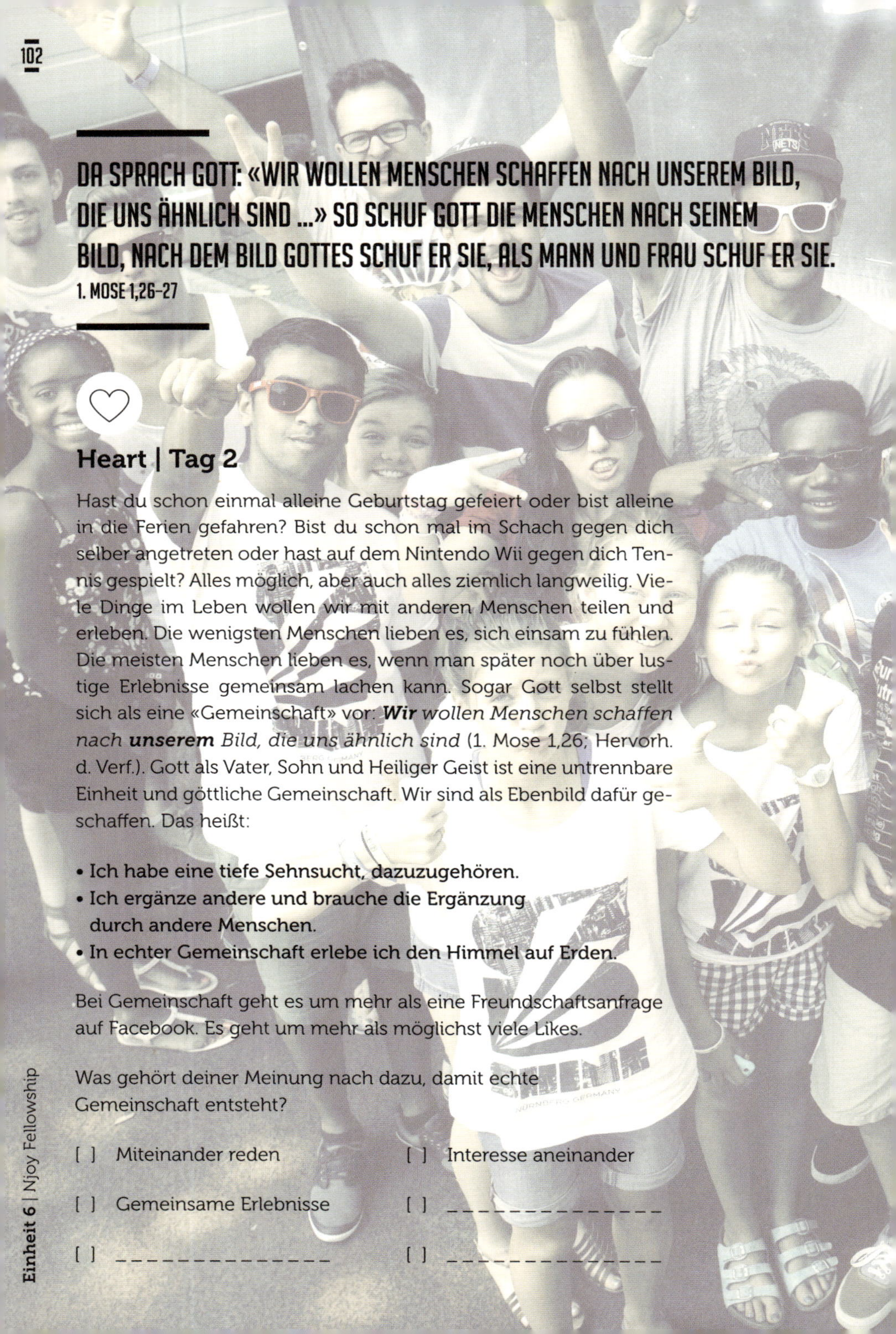

DA SPRACH GOTT: «WIR WOLLEN MENSCHEN SCHAFFEN NACH UNSEREM BILD, DIE UNS ÄHNLICH SIND ...» SO SCHUF GOTT DIE MENSCHEN NACH SEINEM BILD, NACH DEM BILD GOTTES SCHUF ER SIE, ALS MANN UND FRAU SCHUF ER SIE.

1. MOSE 1,26–27

Heart | Tag 2

Hast du schon einmal alleine Geburtstag gefeiert oder bist alleine in die Ferien gefahren? Bist du schon mal im Schach gegen dich selber angetreten oder hast auf dem Nintendo Wii gegen dich Tennis gespielt? Alles möglich, aber auch alles ziemlich langweilig. Viele Dinge im Leben wollen wir mit anderen Menschen teilen und erleben. Die wenigsten Menschen lieben es, sich einsam zu fühlen. Die meisten Menschen lieben es, wenn man später noch über lustige Erlebnisse gemeinsam lachen kann. Sogar Gott selbst stellt sich als eine «Gemeinschaft» vor: ***Wir** wollen Menschen schaffen nach **unserem** Bild, die uns ähnlich sind* (1. Mose 1,26; Hervorh. d. Verf.). Gott als Vater, Sohn und Heiliger Geist ist eine untrennbare Einheit und göttliche Gemeinschaft. Wir sind als Ebenbild dafür geschaffen. Das heißt:

- Ich habe eine tiefe Sehnsucht, dazuzugehören.
- Ich ergänze andere und brauche die Ergänzung durch andere Menschen.
- In echter Gemeinschaft erlebe ich den Himmel auf Erden.

Bei Gemeinschaft geht es um mehr als eine Freundschaftsanfrage auf Facebook. Es geht um mehr als möglichst viele Likes.

Was gehört deiner Meinung nach dazu, damit echte Gemeinschaft entsteht?

[ ] Miteinander reden [ ] Interesse aneinander

[ ] Gemeinsame Erlebnisse [ ] ______________

[ ] ______________ [ ] ______________

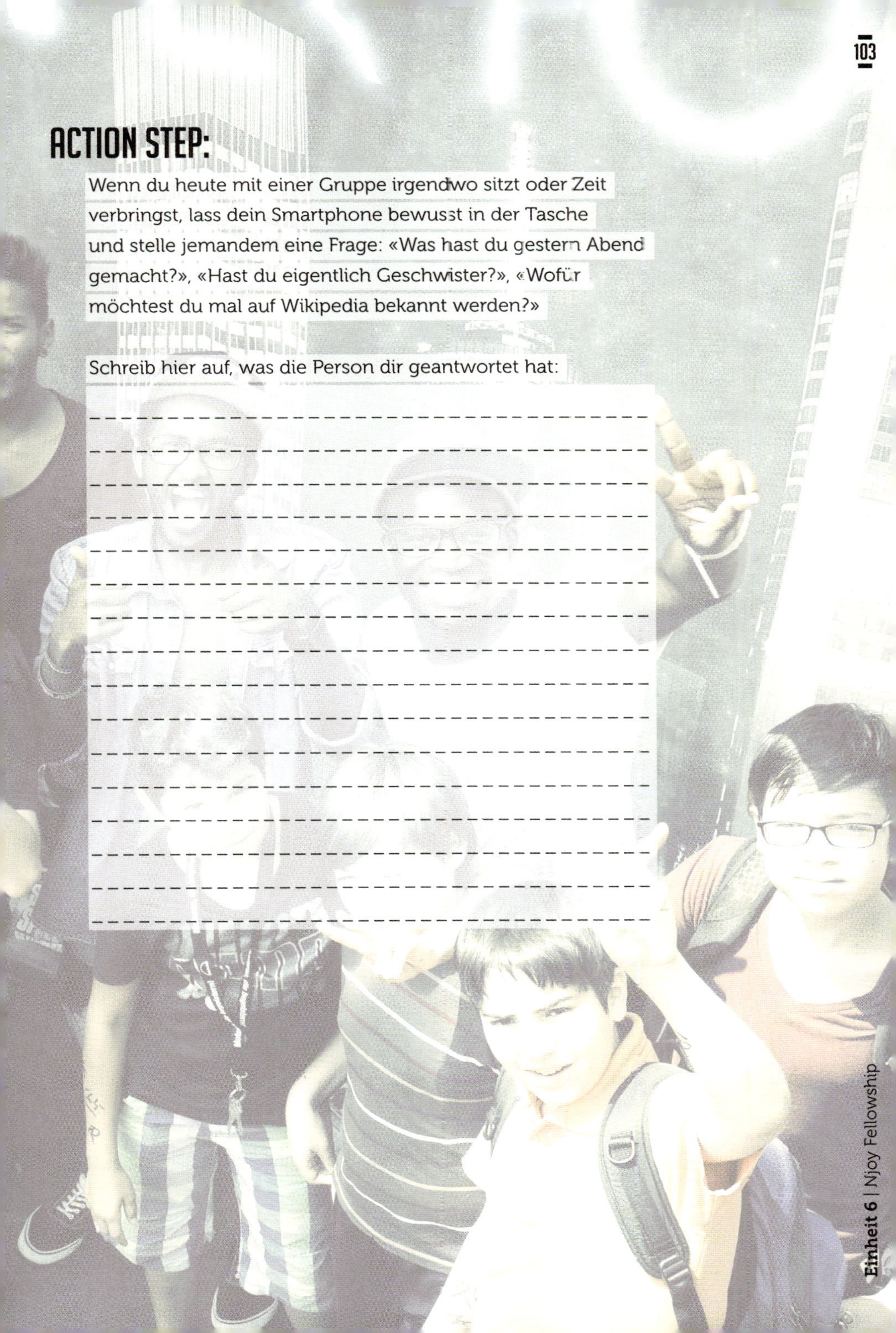

ACTION STEP:

Wenn du heute mit einer Gruppe irgendwo sitzt oder Zeit verbringst, lass dein Smartphone bewusst in der Tasche und stelle jemandem eine Frage: «Was hast du gestern Abend gemacht?», «Hast du eigentlich Geschwister?», «Wofür möchtest du mal auf Wikipedia bekannt werden?»

Schreib hier auf, was die Person dir geantwortet hat:

Get ready | Tag 3

Überleg dir, wie dein Beziehungsnetz aussieht. Trage mindestens 12 Personen in die unten stehende Grafik ein. Je wichtiger dir diese Menschen sind und je mehr Zeit du freiwillig mit ihnen verbringst, desto näher stehen sie im Zentrum der Grafik. Gibt es Personen in deinem Beziehungsnetz, die Jesus noch nicht kennen? Umkreise sie mit einem Stift.

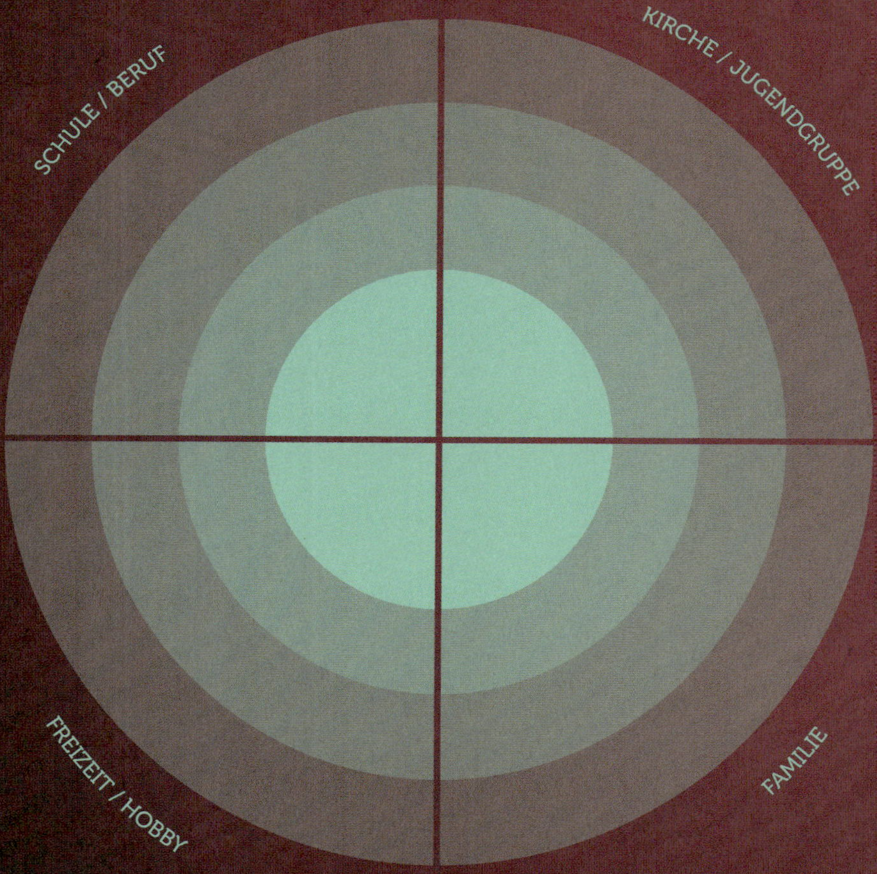

Beim SHINE Lifestyle geht es darum, ein Licht für andere Menschen zu sein, und besonders auch für solche, die Jesus noch nicht kennen. Nicht durch Zufall wurdest du in das Umfeld gestellt, in dem du dich momentan befindest. Natürlich prägst du vor allem die Menschen, mit denen du enge Gemeinschaft hast. Doch Gott sendet dich auch zu Menschen, die du dir vielleicht nicht aussuchen würdest. Deine Freunde hast du wahrscheinlich ausgewählt, aber deine Familie zum Beispiel nicht.

Wie kannst du für die aufgeschriebenen Menschen ein Licht für Jesus sein?

_ _

_ _

_ _

_ _

ACTION STEP:

In zwei Tagen wird «Njoy Fellowship» ganz konkret. Du wirst mit einer Person aus deinem Umfeld bewusst Gemeinschaft haben. Gehe mit jemandem Kaffee trinken, verabrede dich zum Squashen oder verbringe einfach Zeit mit einer Person und interessiere dich für ihr Leben. Vereinbare darum jetzt einen Termin mit dieser Person, und überleg dir, wie du ihr Gutes tun kannst. Wenn es in zwei Tagen nicht geht, finde einen anderen Termin oder eine andere Person.

Person: _ _ _ _ _ _ _ _

Datum + Ort des Treffens: _

Das möchte ich tun:

_ _

_ _

_ _

_ _

_ _

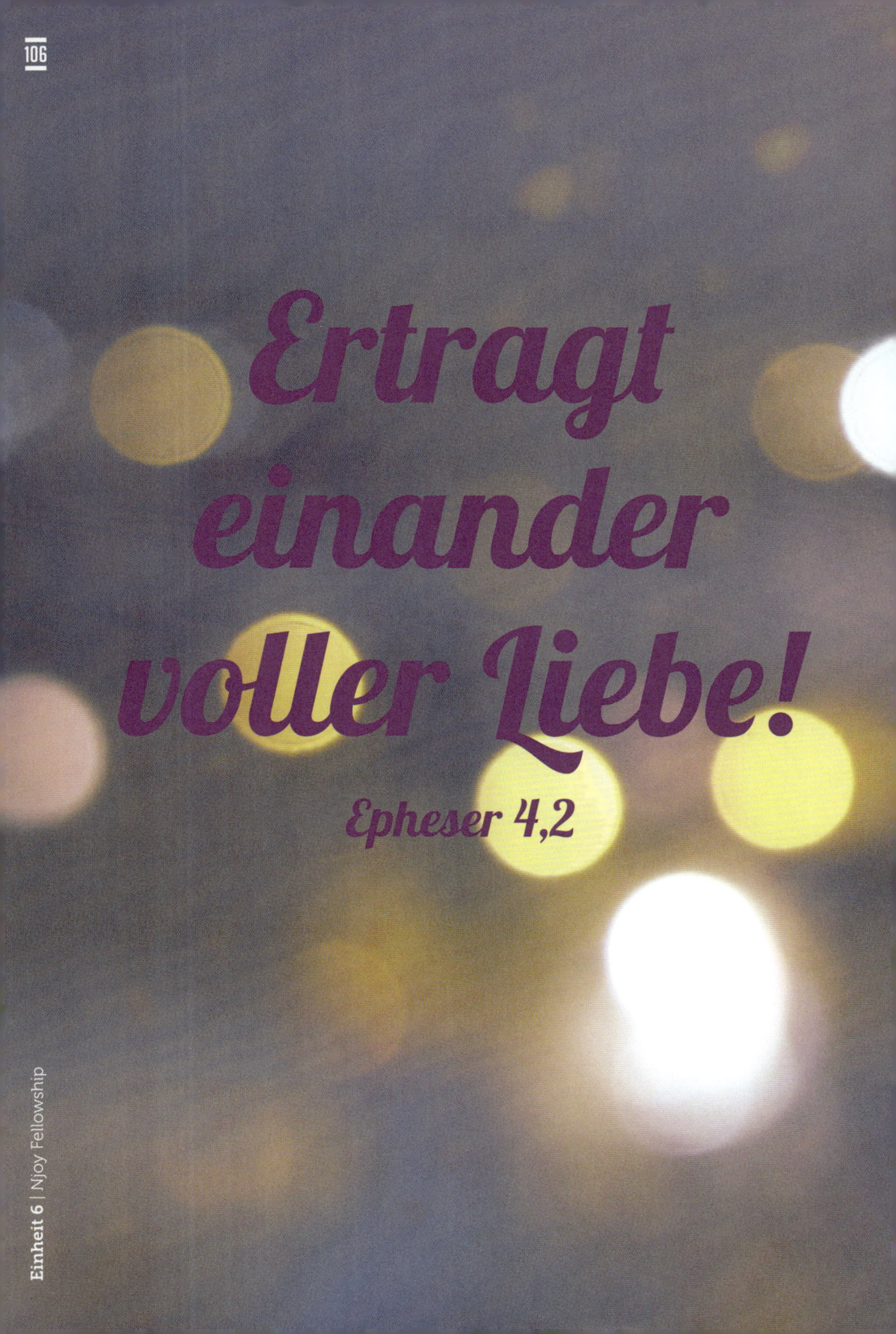

Ertragt einander voller Liebe!

Epheser 4,2

Bible | Tag 4

Folgende Aufgabe: Geh auf www.bibleserver.com und suche im Neuen Testament nach dem Wort «einander». In der Übersetzung nach Luther solltest du 17 Treffer landen, mit der «Hoffnung für alle» 36, mit der «Neuen Genfer Übersetzung» sogar 50. Die «Gute Nachricht Bibel» lässt schließlich mit 55 Treffern jedes «Schiffe Versenken»-Game vor Neid erblassen. Wie viele Treffer sind es bei der «Neues Leben»?

Lies einige dieser Stellen durch, und notiere dir hier zwei, die dich ansprechen:

Es ist kein Zufall, dass die Bibel so oft vom Miteinander redet. Damit wir Gemeinschaft genießen können und einander nicht bloß ertragen, müssen wir uns gegenseitig Gutes tun: einander lieben, vergeben, achten, ehren, trösten, ermutigen und dienen. Jesus hat uns das vorgelebt!

ACTION STEP:

Welche *Einander*-Stelle willst du heute umsetzen?

Wie könntest du das tun?

Diesen Vers setze ich um:

Ich mach das so:

Action | Tag 5

Heute ist der Tag, an dem du bewusst Gemeinschaft lebst.

1. Schick eine Erinnerungs-Nachricht für das Treffen am heutigen Tag an die Person, mit der du dich verabredet hast.

2. Kritzle als Erinnerung erneut ein Fragezeichen auf deinen Handrücken. Wofür stand das schon wieder? Ach ja, genau: «Was würde Jesus in dieser Situation tun?» (vgl. Einheit 1 | Booster, Learn | Tag 6).

LEBT KLUG UNTER DEN MENSCHEN,
DIE KEINE CHRISTEN SIND,
UND MACHT AUS JEDER GELEGENHEIT
DAS BESTE! REDET FREUNDLICH
UND KLAR MIT IHNEN, DAMIT IHR WISST,
WIE IHR JEDEM EINZELNEN
AM BESTEN ANTWORTEN SOLLT.

KOLOSSER 4,5-6

Learn | Tag 6

In Filmen wird uns immer wieder die Kraft des Miteinanders gezeigt. In Herr der Ringe, Narnia, Titanic (ah nein, schlechtes Beispiel), Ice Age, der Ocean's Trilogie und vielen mehr wird uns vor Augen geführt, dass große Herausforderungen nur in der Gemeinschaft gemeistert werden. Was wäre, wenn Frodo den Ring alleine zum Schicksalsberg hätte bringen müssen oder Sid ohne Manfred, Diego und die anderen Freunde unterwegs gewesen wäre?

Viele Christen versuchen, sich mit ihrem Glauben alleine durchs Leben zu schlagen, und viele bleiben dabei auf der Strecke. Gott warnt uns nicht umsonst in 1. Petrus 5,8: *«Seid besonnen und wachsam und jederzeit auf einen Angriff durch den Teufel, euren Feind, gefasst! Wie ein brüllender Löwe streift er umher und sucht nach einem Opfer, das er verschlingen kann.»* Alleine sind wir ungeschützt. Wir können so ein leichtes Opfer für den Teufel werden und kommen im Leben mit Gott nicht weit. Aber wenn einer den anderen unterstützt, werden wir das Ziel erreichen. Darum heißt es in Hebräer 10,25 (NGÜ) auch: *«Deshalb ist es wichtig, dass wir unseren Zusammenkünften nicht fernbleiben, wie einige sich das angewöhnt haben, sondern dass wir einander ermutigen, und das umso mehr, als – wie ihr selbst feststellen könnt – der Tag näher rückt, ‹an dem der Herr wiederkommt›.»*

Hast du gewusst, dass Wildgänse auf ihrer Reise in den Süden 10 000 Kilometer zurücklegen? Mit dem Fliegen in V-Formation erhöht sich ihre Ausdauer durch den Windschatten um über 70 Prozent! Gemeinsam schaffen sie den Weg, der für eine Wildgans alleine unmöglich zu bewältigen wäre.

ACTION STEP:

Nimm deine Bibel und schlag Galater 6 auf.

Lies dort die Verse 1–10.

Wozu fordert dich Gott auf (Verse 2, 9 und 10)?

Surprise | Tag 7

Deine Familie, in die du hineingeboren wurdest, ist deine erste und engste Gemeinschaft, in die Gott dich berufen hat. Du konntest dir niemanden auswählen. Aber Gott weiß, warum er dich da hineingestellt hat, und er hat einen Plan, warum genau du zu diesem Zeitpunkt in diese Familie kamst.

Nimm dir heute bewusst Zeit, Gemeinschaft mit deiner Familie zu pflegen. Ob in Form eines kleinen Dankeschöns (Schachtel Pralinen, etwas kochen etc.) oder einfach einer Nachfrage: «Erzähl, wie geht es dir?» Das geht selbstverständlich auch per Telefon. Entscheide dich dafür, dich heute in deine Familie zu investieren.

SURPRISE

7

EINHEIT

Equip Others

DAS LICHT MUSS UNSER LEBEN SEIN, WENN UNSER LEBEN LICHT SEIN SOLL.

CHARLES SPURGEON

Personal-Time/Community-Time | Tag 1

Der letzte Buchstabe von SHINE ermutigt dazu, das in S, H, I und N Gelernte an andere weiterzugeben. In dieser Einheit erfährst du, dass du etwas Einzigartiges beitragen kannst. Dieser Beitrag wird multipliziert, wenn du ihn anderen weitergibst und diese wiederum dasselbe weitergeben. Jede Person darf sich als Teil eines großen Ganzen sehen (die Kirche – der Leib von Jesus). Hier hat jede Person einen wichtigen Beitrag und zugleich muss sie nicht alles können. Es ist also nicht so entscheidend, wie viel und was genau du kannst, sondern dass du deine Stärken für andere einsetzt.

Die Bibel

- Hebräer 10,24
- 2. Timotheus 2,2

Und du?

- Wo hast du erlebt, dass dich andere fördern?
- Wo hast du andere gefördert?
- Wie könntest du mit deiner «normalen» oder speziellen Begabung dazu beitragen, dass noch mehr Menschen Jesus kennenlernen und ihm nachfolgen?
- Welche Menschen zeigt dir Jesus, in die du dich SHINE-mäßig investieren kannst?

Heart | Tag 2

Gib die Botschaft, die du von mir gehört hast und deren Wahrheit dir von vielen Zeugen bestätigt wurde, an vertrauenswürdige und zuverlässige Menschen weiter, die ebenfalls fähig sind, andere zu lehren.
2. Timotheus 2,2 (NGÜ)

Steffi und David haben beide im Lotto gewonnen. Steffis Preis ist, dass die Lotto-Gesellschaft ihrem Konto dreißig Tage lang jeden Tag 10 000 Euro gutschreibt. David erhält am ersten Tag gerade mal 1 Euro. Dafür verdoppelt sich die Einzahlung von der Lotto-Gesellschaft während der dreißig Tage täglich – also am zweiten Tag 2 Euro, am dritten 4 Euro usw. Wer möchtest du sein? Steffi oder David? Das Resultat ist erstaunlich. Steffi hat nach 30 Tagen 300 000 Euro auf dem Konto. Bei David sind es jedoch sage und schreibe 1 073 741 800 Euro – nicht schlecht, oder?

Genauso ist es mit dem SHINE Lifestyle. Wenn du beginnst, diesen Lifestyle anderen Menschen weiterzuvermitteln, wird das krasse Auswirkungen haben. Dabei ist es nicht wichtig, ob du eine riesige Heldin bist, die täglich zig Menschen von Jesus erzählt, ihr Leben mit den Allerärmsten verbringt oder Professorin in irgendwas ist – das wäre «nur» Zusatz. Viel wichtiger ist, dass du Menschen förderst, den SHINE Lifestyle selber zu leben UND ANDEREN WEITERZUGEBEN, damit die dann dasselbe tun. Das kann klein starten, indem du mit deinen Geschwistern oder deinem besten Freund SHINE Experience durchgehst. Wenn ihr damit fertig seid, trefft ihr euch weiter und lest die Bibel und spornt einander im Glauben an. Irgendwann ist dann dein Bruder oder Freund auch ready und ihr beide investiert euch in andere Menschen. Das ist Multiplikationspower!

ACTION STEP:

Klebe auf den nebenstehenden freien Platz ein Geldstück auf. Als Erinnerung für dich, dass die kleinen Dinge manchmal größer sind, als sie scheinen. Du kannst das Geldstück auch abpausen oder möglichst genau abzeichnen.

Liebe multipliziert sich,
wenn du sie teilst

WENN IHR WIRKLICH DAZU BEREIT SEID, KOMMT ES NICHT DARAUF AN, WIE VIEL IHR ERÜBRIGEN KÖNNT. GOTT MÖCHTE, DASS IHR GEBT, WAS IHR HABT, UND NICHT, WAS IHR NICHT HABT.

2. KORINTHER 8,12

WER IN KLEINEN DINGEN TREU IST, WIRD AUCH IN GROßEN TREU SEIN. UND WER SCHON IN GERINGEN ANGELEGENHEITEN BETRÜGT, WIRD AUCH BEI GRÖßERER VERANTWORTUNG NICHT EHRLICH SEIN.

LUKAS 16,10

Get ready | Tag 3

Nimm deine Bibel und lies 2. Mose 3.

In diesem Kapitel ist die Geschichte aufgeschrieben, in der Mose vor dem brennenden Dornbusch steht und Gott zu ihm spricht. Gott gibt Mose den Auftrag, sein Volk aus der Gefangenschaft zu führen. Einen ganz ähnlichen Auftrag haben auch wir heute. Und so, wie Mose allerlei Ausreden und Entschuldigungen hervorbrachte, tun wir das auch zu oft. Und dann stellt Gott Mose am Anfang des nächsten Kapitels die folgende Frage: «Was ist da in deinen Händen?» Es war ein einfacher Hirtenstab – aber mit diesem Hirtenstab führte Mose das Volk Israel aus Ägypten heraus und Gott bewirkte genau mit diesem Holz ein paar heftige Wunder.
Du musst nicht weit suchen, sondern das gebrauchen, was Gott dir in die Hand gegeben hat.

Was hat dir Gott in deine Hände gegeben (Gaben, Beziehungen, Ausbildung, Charakterstärken etc.)?

Wo und wie kannst du positiven Einfluss ausüben und Menschen prägen?

Was hast du bekommen, das andere Menschen weiterbringt?

Danke Gott in einem einfachen Gebet für das, was er dir anvertraut hat, und bitte ihn, dass du gut und großzügig damit umgehen kannst

Bible | Tag 4

Darum geht zu allen Völkern und macht sie zu Jüngern. Tauft sie im Namen des Vaters und des Sohnes und des Heiligen Geistes und lehrt sie, alle Gebote zu halten, die ich euch gegeben habe. Und ich versichere euch: Ich bin immer bei euch bis ans Ende der Zeit.
Matthäus 28,19–20

Die Worte von Jesus sind kristallklar: Er will tatsächlich mit dir und mir «alle Völker» erreichen. Vermutlich geht er davon aus, dass du das nicht alleine in die Hand nimmst. Die Menschengruppe, zu der Jesus am Schluss von Matthäus 28 spricht, lässt sich an beiden Händen abzählen – also fast! –, es waren gerade mal 11 Jünger (siehe Vers 16). Tatsächlich haben diese Normalos Erstaunliches bewirkt und das Evangelium unter anderem nach Indien und Italien gebracht.
Vielleicht kommst du dir jetzt so vor wie ein Faultier, das gerade den Auftrag bekommen hat, den Mount Everest im Handstand zu erklimmen: «Wie um Himmels willen soll ich das schaffen?» Deshalb spricht Jesus dir zu (im obigen Vers ganz am Schluss): «Ich bin immer bei euch bis ans Ende der Zeit.» Weil er immer bei dir ist, darfst du dich kühn auf den Weg machen. Und by the way: Vielleicht wohnt die «ganze Welt» ja sogar in deinem Wohnblock oder nur ein paar Straßen weiter.

Im Clip in der Personal-Time/Community-Time hast du bereits fünf Tipps * erhalten, wie dieses «Equip Others» konkret aussehen kann:

1. Investiere Zeit in deine Freunde

2. Lege ein geistliches Fundament

3. Hilf deinen Freunden beim Aufräumen der Vergangenheit

4. Sei deinen Freunden ein Vorbild

5. Gewinne deine Freunde für hohe Ziele im Glauben

ACTION STEP:

Lies 1. Thessalonicher 2,7–13, und schreib hier auf, welche der fünf Tipps du darin entdecken kannst:

---

* Die Aufzählung ist folgendem Buch von Leo Bigger und Matthias Bölsterli entnommen: *Cewinne. Wie gewinne ich Menschen für Jesus?* Zürich: Verlag icf 2003, S. 77–84.

Action | Tag 5

Nutze, was in deinen Händen ist! Vor zwei Tagen hast du dir Dinge notiert, die Gott dir in deine Hände gegeben hat. Geh die Liste nochmals durch.

Nun ist Action angesagt. Entscheide dich für eine Aufgabe:

1. Bring jemandem etwas bei, das du gut kannst (Satz in einer Fremdsprache, Zaubertrick, Witz, deinem Opa die Bedienung von Smartphones usw.).

2. Triff jemanden oder telefoniere mit jemandem, und gib etwas weiter, das dir Gott gegeben hat (Ermutigung aussprechen, erzählen, was dich Gott gelehrt hat, jemandem beibringen, wie man ein Gespräch über den Glauben führen kann; jemandem etwas weitergeben, das du während der SHINE Experience bereits gelernt oder erlebt hast).

Wichtig: Bei beiden Levels geht es nicht darum, dass du einfach deine Aufgabe erfüllst. Es geht darum, dass die Person nach der Begegnung mit dir wirklich etwas gelernt hat.

Learn | Tag 6

Die ersten vier Buchstaben des SHINE Lifestyles sind die nötige Ausrüstung für echte Nachfolge. Klar, vielleicht bist du noch nicht in allen Punkten top, aber du kannst schon jetzt multiplizieren und den SHINE Lifestyle leben. Bei Equip Others geht es darum, dass du andere in ihrem SHINE Lifestyle förderst und dass sie durch dich weiterkommen in ihrem Leben.

Wie geht es dir bei der Umsetzung der einzelnen Themen?
Setze eine Verbindungslinie zum passendsten Adjektiv.

1. SHARE FAITH	o super
	o überfordert
	o unter Druck
2. HUG PEOPLE	o herausgefordert
	o befähigt
	o motiviert
3. INSPIRE YOURSELF	o unsicher
	o unerreichbar
	o fähig
4. NJOY FELLOWSHIP	o dankbar
	o privilegiert
	o enttäuscht
5. EQUIP OTHERS	o hoffnungslos
	o begabt

Viele Leiter in der Bibel und von Gott berufene Menschen haben sich zeitweise oder sogar lebenslang unfähig und leicht bis heftig überfordert gefühlt. Da war von Zweiflern, Besorgten, Angsthasen, Halbgläubigen bis zu Übereifrigen und Stolzen so ziemlich alles mit dabei – Menschen wie du und ich! Aber sie sind Jesus trotzdem mutig nachgefolgt. Und darum geht es beim «E» von SHINE.

Lebe SHINE – nicht für Jesus, sondern mit Jesus!

ACTION STEP:

Kreuze an:

	fällt mir leicht	ist ok	stresst mich ziemlich
1. Share Faith	[ ]	[ ]	[ ]
2. Hug People	[ ]	[ ]	[ ]
3. Inspire Yourself	[ ]	[ ]	[ ]
4. Njoy Fellowship	[ ]	[ ]	[ ]
5. Equip Others	[ ]	[ ]	[ ]

~ Danke Gott in einem kurzen Gebet für den Punkt, der dir am leichtesten fällt.

~ Blättere zurück zu dem Kapitel von dem Punkt, der dich am meisten stresst oder zumindest herausfordert, und wiederhole einen «Action Step» aus jener Woche.

Surprise | Tag 7

Setz dich einen Moment an einen bequemen Ort und lies die unten stehenden Sätze durch. Mach zwischen den Sätzen je eine Minute Pause.

ICH FÖRDERE ANDERE MENSCHEN, INDEM ICH MEINE FREUNDE ERMUTIGE, IN ALLEN FÜNF SHINE-BUCHSTABEN ZU WACHSEN UND DRANZUBLEIBEN.

Ich fördere andere Menschen, indem ich mein Licht leuchten lasse und meine Begabungen einsetze.

ICH FÖRDERE ANDERE MENSCHEN,
INDEM ICH MENSCHEN AUS MEINEM UMFELD
ERMUTIGE UND IHNEN HELFE, DAS
POTENZIAL, DAS GOTT IN SIE HINEINGELEGT HAT,
ZU ENTDECKEN UND ZU ENTFALTEN.

*Ich fördere andere Menschen, indem ich meine
Begabungen so einsetze,
dass Gott geehrt wird und Menschen ihn
kennen- und lieben lernen.*

***Ich fördere andere Menschen, indem
ich in erster Linie ich selbst bin und dort
hingehe, wo Gott mit mir hingeht.***

8

EINHEIT

Commitment

Personal-Time/Community-Time | Tag 1

Du bist bereits auf der Zielgeraden von SHINE Experience. Aber das ist natürlich keineswegs das Ende des SHINE Lifestyles und schon gar nicht das Ende von Gottes Wirken in deinem Leben! Vielmehr kannst du das Gelernte nun schwungvoll in deinen Alltag mitnehmen. Der Kern dieser Einheit «Commitment» (= Hingabe) ist ein ziemlich heftiges Hingabegebet. Hingabe ist ein Schlüssel, wenn du Jesus nachfolgst.

Die Bibel
Lies Johannes 21,15–19:

Und du?

- Was spricht dich in diesem Text an?
- Was befremdet dich oder verstehst du nicht?
- Warum hat Jesus wohl dreimal dieselbe Frage gestellt?
- Was würdest du antworten, wenn Jesus dich fragt: «Hast du mich lieb?»?
- Was wäre deine Reaktion, wenn Jesus dich auffordert: «Folge mir nach!»?

NACHFOLGE IST NUR KRAFTVOLL, WENN ICH DEM GANZEN JESUS NACHFOLGE – UND NICHT NUR MEINEM «LIEBLINGS-ZWEIDRITTEL-JESUS»!

ANDREAS «BOPPI» BOPPART

* Absolut empfehlenswert sein Buch: «Unfertig – Jesusnachfolge für Normale»

Heart | Tag 2

Du bist eine Heldin, ein Held! Du hast bereits sieben Einheiten von SHINE Experience hinter dir und hast es bis zu diesem Satz geschafft – überragend! Ein großes Kompliment für deinen Einsatz, deine Lernbereitschaft und deinen Durchhaltewillen. Du bist eine Person, die die Welt verSHINEifiziert! Wenn das Leben ein Schinken-Eier-Sandwich wäre, dann wärst du nicht einfach ein Huhn, sondern vielmehr ein Schwein. Das Huhn war beim Sandwich nur ein bisschen involviert ... das Schwein hingegen hat sich hingegeben. :-)

Nimm dir für die kommende Aufgabe Zeit, um darüber nachzudenken, was du in den vergangenen Wochen gelernt hast und wie Jesus gewirkt hat.

- Markiere, in welcher Woche du deine größte Entwicklung durchlebt hast. Überlege, warum das so ist.

- Schreib unter jedes Thema, warum du dich wohl- oder unwohlgefühlt hast. Überdenke die einzelnen Wochen und blättere dieses Buch durch.

- Mach eine Vorher-nachher-Bewertung zu den Wochen. Wo standest du vor der SHINE Experience in Bezug auf dieses Thema, wo stehst du jetzt. Ein Dreieck für vorher, ein Quadrat für nachher. Beispiel:

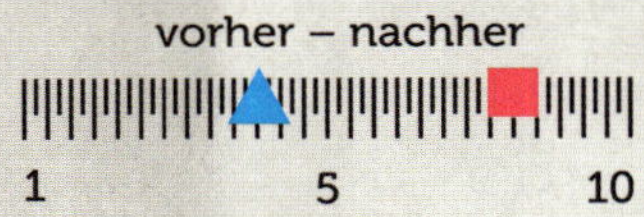

Schreib hier dein stärkstes Erlebnis mit Gott während des SHINE Experience-Trainings auf:

Gibt es einen Bereich, in dem du noch großes Entwicklungspotenzial siehst? Was könnte dir helfen, in diesem Bereich zu wachsen?

Share Faith – THE FOUR

vorher – nachher

1 5 10

Share Faith – My Story

1 5 10

Hug People

1 5 10

Inspire Yourself

1 5 10

Njoy Fellowship

1 5 10

Equip Others

1 5 10

Get ready | Tag 3

John Piper hat Folgendes gesagt:
«Gott ist am meisten verherrlicht in dir, wenn du am meisten erfüllt bist in ihm.»

Genau darum geht es bei SHINE. Wenn du den SHINE Lifestyle krampfhaft versuchst zu leben, damit jeder sieht, was für ein guter Mensch du bist, hast du das Ziel verfehlt. Das wäre so, als wenn du dir fein säuberlich ein Schinken-Eier-Sandwich machen, dieses aber dann auf dem Tisch vergammeln lassen und nicht reinbeißen würdest – Ziel verfehlt. Du betrachtest das Sandwich und den Lifestyle aus der Ferne, die Kraft des Sandwichs machst du dir aber nicht zu eigen. Diese Kraft und der Motor von SHINE ist der Heilige Geist, der dein Herz bis in die hinterste Körperzelle erfüllt. Und wenn du dich ganz von ihm erfüllen lässt, dann wird sich der Heilige Geist in dir seiner größten Spezialität widmen: Er wird das Wesen Gottes in dich zeichnen (Charakter, Vollmacht, Gaben usw.)! Genau das nennt John Piper: «Gott ist verherrlicht in dir.»

Für dich alleine
Wenn dir in deinem Umfeld keine Person in den Sinn kommt, die für dich beten könnte, dann schreib uns doch unbedingt eine Mail (info@shine-deutschland.de oder info@shine.ch).
Wir beten sehr gerne für dich!

Mit anderen als Gruppe
Wenn du keine solche Person kennst, frag bei jemandem aus deiner SHINE Experience-Gruppe nach, ob sie für dich betet und dich segnet.

ACTION STEP:

Lass dich bewusst von Gottes Geist erfüllen, damit du in deinem Alltag startklar bist. Mache das, indem du heute zu einer Person gehst, die auf Gott hört und für dich betet.

Bible | Tag 4

Nimm deine Bibel und lies folgende Bibelstellen:

Matthäus 7,21
Philipper 3,13
Johannes 12,26

Vertiefung:

FOLGENDES LERNE ICH ÜBER GOTT:

FOLGENDES LERNE ICH ÜBER EINEN NACHFOLGER:

DAS IST MIR WICHTIG GEWORDEN:

Action | Tag 5

Achtung, das folgende Gebet kann dein Leben verändern!
Heute hast du die Möglichkeit, das Gebet, das du bereits im Clip an Tag 1 dieser Einheit kennengelernt hast, zu unterschreiben und zu beten. Es liegt keine besondere Kraft in der Formulierung oder in der Art, wie du unterschreibst. Und es ist auch nicht die Einmaligkeit des Moments, die alles für immer verändert – vielmehr ist es ein Gebet, das du immer wieder beten kannst. Und es liegt eine besondere Kraft darin, wenn du dein Leben Gott ganz zur Verfügung stellst und das annimmst, was er für dich vorbereitet hat. Du kannst das Gebet als eine Art Vertrag unterzeichnen, indem du Jesus das schenkst, wofür er bereits vor langer Zeit bezahlt hat: dein Leben. Dein Commitment an Jesus ebnet den Weg, damit er deinen SHINE Lifestyle immer mehr prägt.

Überlege dir in den nächsten 12 Minuten, ob du das Gebet unterschreiben möchtest oder nicht.
Folgende Fragen helfen dir in dieser Zeit:

- **Wie könnte sich mein Leben ändern, wenn ich das Gebet ernst meine?**
- **Was habe ich zu verlieren? Vor was habe ich Angst?**
- **Was kann ich gewinnen?**
- **Was will ich vorher im Gebet ablegen und bei Gott deponieren?**
- **Will ich das Gebet lieber zu einem späteren Zeitpunkt unterschreiben?**
- **Will ich das Gebet zusammen mit einer anderen Person beten?**

JESUS CHRISTUS

ICH WILL, DASS DU DAS ZENTRUM MEINES LEBENS BIST
DURCH DIE KRAFT DES
HEILIGEN GEISTES
WILL ICH AUF DICH HÖREN
UND TUN WAS DU MIR SAGST
ZU JEDER ZEIT
AN JEDEM ORT
UM JEDEN PREIS
WAS IMMER ES SEI

UNTERSCHRIFT

Learn | Tag 6

Egal, ob du gestern das Gebet unterschrieben hast oder nicht – den SHINE Lifestyle zu leben, lässt dich und dein Umfeld nicht kalt. Denn wenn Gottes Liebe auf ein Herz trifft, dann bleibt es nicht neutral. Entspannend dabei ist, dass du in der Kraft des Heiligen Geistes die Initiative ergreifen und das Resultat Gott überlassen kannst. Vielleicht heißt das, dass du für oder mit einem Arbeitskollegen betest, der dir etwas anvertraut hat. Du kannst dabei relaxen, weil Gott bestimmt seinen Teil machen wird. Oder du hilfst jemandem auf der Straße, der dir auffällt, oder ... Du wirst dabei nicht immer auf offene Arme, sondern auch auf Ablehnung stoßen. Jesus hat auch beides erlebt: Menschen, die begeistert mit ihm unterwegs waren, und andere, die ihm Böses antun wollten. Du kannst dir manchmal deine Lebensumstände und dein Umfeld nicht aussuchen. Aber du kannst dich entscheiden, wie du ihnen begegnest. Oft geht es im Leben nicht darum, mit aller Kraft den Regen wegzubeten, sondern vielmehr darum, einfach im Regen tanzen zu lernen. Commitment heißt, Jesus in allen Umständen nachzufolgen.

ACTION STEP:

Petrus stieß ebenfalls auf Ablehnung und erlebte in kürzester Zeit zwei Extreme.

Schreib in deinen eigenen Worten auf, was in Apostelgeschichte 12,1–2 passierte:

Schreib in deinen eigenen Worten auf, was in Apostelgeschichte 12,3–10 passierte:

Surprise | Tag 7

Bei SHINE Experience hast du nicht nur etwas über das Schinken-Eier-Sandwich gelernt. Du hast auch Tools für den Alltag in deine Hände bekommen. Werkzeuge, die in deinem Werkzeugkasten liegen und genau für dich in dieser Kombination zusammengestellt sind. Wenn du sie nicht brauchst, kommt niemand anderes auf die Idee, sie zu benutzen - und sie werden verstauben und verrosten. Lass dir diesen Schatz der vergangenen Wochen nicht mehr rauben! Deine Gotteserlebnisse und Begegnungen mit Menschen hast DU gemacht und deine Misserfolge verhalfen dir dazu, dass du Neues gelernt hast und nun an genau diesem Punkt im Leben stehst, wo du jetzt stehst. Jetzt beginnt dein Abenteuer erst richtig. Der SHINE Lifestyle hilft dir, dein Licht überall scheinen zu lassen und die beste aller Nachrichten über einen liebenden Gott und einen vergebenden Jesus weiterzuerzählen. Du bist ein Licht in dieser Welt – genau dort, wo Gott dich hingestellt hat! SHINE!

Schreibe uns deine Erlebnisse, deine Freuden und deinen Frust mit SHINE Experience: info@shine-deutschland.de oder info@shine.ch

Wir freuen uns, von dir zu hören!

Dein SHINE Team

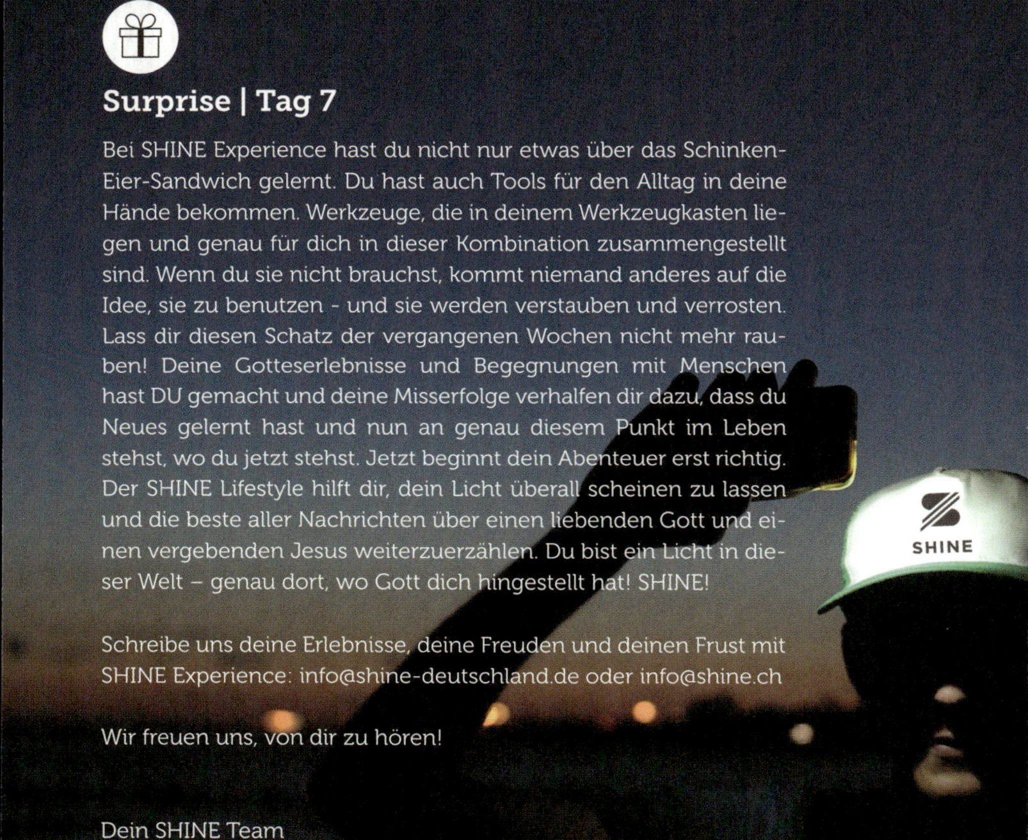